ДИВОВИЖНА КУЛІРОВА КНИГА ПИРОГІВ

100 СОЛОНИХ, ФРУКТОВИХ, ГОСТРИХ ПИРОГІВ, ДЛЯ ПРИГОТУВАННЯ ВДОМА

Олег Петренко

ЗМІСТ

ВИСНОВОК   261

ВСТУП

Від класичних рецептів, таких як яблучний пиріг, до нових фаворитів, таких як шовковий пиріг мокко, у цьому списку найкращих рецептів пирогів є щось для кожного. Є навіть варіанти без випічки для тих, хто не дуже любить випічку. Звичайно, для багатьох із цих рецептів ви можете вибрати корж для печива з пресуванням, масляний корж для пирога або листкове тісто. А коли нічого не допомагає, просто візьміть куплену в магазині скоринку. Немає нічого поганого в купленому в магазині ярлику, і він заощадить вам купу часу під час приготування пирога з лимонним безе! Але незалежно від того, який рецепт пирога ви виберете, просто не забудьте розбити кульки морозива або збитих вершків для начинки!

ОСНОВНІ РЕЦЕПТИ

1. Пиріжкова крихта

ПРИБЛИЗНО 350 Г (2¾ ЧАШКИ)

ІНГРЕДІЄНТИ:

1. 240 г борошна [1½ склянки]
2. 18 г цукру [2 столові ложки]
3. 3 г кошерної солі [¾ чайної ложки]
4. 115 г вершкового масла, розтопленого [8 столових ложок (1 паличка)]
5. 20 г води [1½ столової ложки]

Напрямки

a) Розігрійте духовку до 350°F.

b) Змішайте борошно, цукор і сіль у чаші міксера, оснащеного лопатевою насадкою, і перемішуйте на низькій швидкості, поки добре не перемішується.

c) Додайте вершкове масло та воду та перемішуйте на низькій швидкості, поки суміш не почне збиратися в невеликі пучки.

d) Викладіть грона на деко, застелене пергаментом або силпатом. Випікайте 25 хвилин, час від часу подрібнюючи. Крихти повинні бути золотисто-коричневими і на дотик все ще трохи вологими; вони висохнуть і тверднуть, коли охолонуть.

e) Перед використанням дайте крихті повністю охолонути.

2. Глазур з крихти для пирога

ПРИБЛИЗНО 220 Г (¾ СКАЛКИ), АБО ДОСТАТНЬО ДЛЯ 2 ЯБЛУКОВИХ ПИРОГІВ.

ІНГРЕДІЄНТИ:

- ½ порції крихти для пирога
- 110 г молока [½ склянки]
- 2 г кошерної солі [½ чайної ложки]
- 40 г вершкового масла кімнатної температури [3 столові ложки]
- 40 г кондитерського цукру [¼ склянки]

Напрямки

a) Змішайте крихти для пирога, молоко та сіль у блендері, увімкніть середню швидкість і подрібніть до однорідного стану. Це займе від 1 до 3 хвилин (залежно від потужності вашого блендера). Якщо суміш не зачепилася за лезо блендера, вимкніть блендер, візьміть маленьку чайну ложку та поскрібайте по стінках каністри, не забувши поскребти під лезом, а потім спробуйте ще раз.

b) Змішайте вершкове масло та кондитерський цукор у чаші міксера, оснащеного лопатковою насадкою, і вершки разом на середньому рівні протягом 2-3 хвилин, поки вони не стануть пухкими та блідо-жовтими. Очистіть стінки миски шпателем.

c) На низькій швидкості додайте вміст блендера. Через 1 хвилину встановіть швидкість до середньо-високої та дайте їй розривати ще 2 хвилини. Очистіть стінки миски. Якщо суміш не однорідна, дуже бліда, ледь коричневого кольору, дайте чаші ще раз поскребти вниз і ще хвилину високошвидкісного гребка.

d) Використовуйте глазур негайно або зберігайте його в герметичному контейнері в холодильнику до 1 тижня.

3. Шоколадна скоринка

ГОТУЄ 1 (10 ДЮЙМОВ) КОЖКУ ДЛЯ ПИРОГА
ІНГРЕДІЄНТИ:
- ¾ порції шоколадної крихти [260 г (1¾ чашки)]
- 8 г цукру [2 чайні ложки]
- 0,5 г кошерної солі [⅛ чайної ложки]
- 14 г розтопленого вершкового масла або за потреби [1 столова ложка]

Напрямки

a) Збийте шоколадну крихту в кухонному комбайні, поки вона не стане піщаною і не залишиться значних згустків.

b) Перекладіть пісок в миску і руками перемішайте з цукром і сіллю. Додайте розтоплене вершкове масло і розімніть його в піску, доки він не стане достатньо вологим, щоб можна було замісити його в кулю. Якщо воно недостатньо вологе для цього, розтопіть ще 14 г (1 столову ложку) вершкового масла та розімніть його.

c) Перекладіть суміш у 10-дюймову форму для пирога. Пальцями та долонями щільно притисніть шоколадну скоринку до форми, переконавшись, що дно та стінки форми рівномірно покриті. Загорнутий у поліетиленову плівку корж можна зберігати при кімнатній температурі до 5 днів або в холодильнику протягом 2 тижнів.

4. Знежирене тісто для пирога

ІНГРЕДІЄНТИ:

- ⅓ склянки (80 мл) олії каноли
- 1⅓ склянки (160 г) борошна
- 2 столові ложки (30 мл) холодної води

Напрямки

a) У борошно додати масло і добре перемішати виделкою. Збризніть водою і добре перемішайте. Руками стиснути тісто в кулю і розплющити. Прокрутіть між двома шматками вощеного паперу.

b) Зніміть верхній шматок вощеного паперу, переверніть на тарілку для пирога та зніміть інший шматок вощеного паперу. Натисніть на місце.

c) Пироги, для яких не потрібна начинка, випікайте при температурі 400°F (200°C або газовій мітці 6) протягом 12–15 хвилин або до легкої рум'яності.

5. скоринка Грема

МАЄ БЛИЗЬКО 340 Г (2 ЧАШКИ)
ІНГРЕДІЄНТИ:
- 190 г крихти крекеру Грем 1½ склянки]
- 20 г сухого молока [¼ склянки]
- 25 г цукру [2 столові ложки]
- 3 г кошерної солі [¾ чайної ложки]
- 55 г розтопленого вершкового масла або за потреби [4 столові ложки (½ палички)]
- 55 г жирних вершків [¼ склянки]

Напрямки

a) Руками перемішайте крихти Грем, сухе молоко, цукор і сіль у середню миску, щоб рівномірно розподілити сухі інгредієнти.

b) Збийте разом масло і жирні вершки.

c) Додайте до сухих інгредієнтів і знову перемішайте, щоб рівномірно розподілити.

d) Вершкове масло діятиме як клей, прилипаючи до сухих інгредієнтів і перетворюючи суміш на купу маленьких скупчень. Суміш повинна тримати форму, якщо її щільно стиснути в долоні. Якщо воно недостатньо вологе для цього, розтопіть ще 14–25 г (1–1½ столової ложки) вершкового масла та змішайте його.

6. Материнське тісто

МАЄ БЛИЗЬКО 850 Г (2 ФУНТА)

ІНГРЕДІЄНТИ:
● 550 г борошна [3½ склянки]
● 12 г кошерної солі [1 столова ложка]
● 3,5 г активних сухих дріжджів [½ пакетика або 1⅛ чайної ложки]
● 370 г води кімнатної температури [1¾ склянки]

Напрямки
а) Змішайте, щоб вийшло тісто

ПИРОГИ КРЕМОВІ

7. Міні-пироги з полуницею та кремом

Робить: 2 порції

ІНГРЕДІЄНТИ:
- 3 столові ложки густих вершків
- 1 яєчний білок, для змащування
- 1 тісто для пирога
- 2 столові ложки мигдалю
- 1 склянка полуниці, нарізаної

ІНСТРУКЦІЇ:
a) Розрівняйте тісто та наріжте його на 3-дюймові кола.
b) У центр тіста викласти полуницю, мигдаль і вершки.
c) Змастіть краї яєчним білком і накрийте іншим тістом.
d) Притисніть краї виделкою.
e) Смажте на повітрі при 360 градусах 10 хвилин.

8. Шоколадно-кремовий пиріг

Робить: 7 порцій

ІНГРЕДІЄНТИ:
КОРИЖКА ДЛЯ ПИРОГА З ГОРЕХОМ (РОБИТЬ 1 КОЖКУ ДЛЯ ПИРОГА):
- 1 склянка борошна універсального призначення
- 1 чашка дрібно нарізаних пекан
- 4 унції розтопленого масла

ЗАВАРНА НАЧИНКА (ВИХОДИТЬ НА 1 ПИРОГ):
- 1 стакан цільного молока
- 1 чашка навпіл
- 1 стакан цукрового піску
- ¼ склянки кукурудзяного крохмалю
- 3 яєчних жовтки
- 1 ціле яйце
- 1 чашка шоколадної стружки Ghirardelli 60% какао
- 1 столова ложка ванільного екстракту

СИРНА НАЧИНКА:
- 1 чашка густих вершків для збивання
- 8 унцій вершкового сиру
- 1 стакан цукрової пудри

ЗБИТИЙ ТОПінг:
- 2 склянки густих вершків для збивання
- ½ склянки цукрової пудри

ЗБІРКА:
- Підготовлений і охолоджений корж для пирога
- ¾ склянки вершково-сирної начинки
- Готовий і охолоджений заварний крем
- Збитий топінг
- Приблизно 2 столові ложки подрібненої шоколадної стружки Ghirardelli 60% какао

ІНСТРУКЦІЇ:
ДЛЯ КОЖКИ ДЛЯ ПИРОГА З ПЕКАНОМ
а) З'єднайте всі інгредієнти руками.

b) Натисніть на форму для пирога зі стінкою 9 дюймів. Обов'язково рівномірно притискайте всю тарілку, звертаючи особливу увагу на товщину кутів. Тріщин бути не повинно.

c) Випікайте корж при 375 градусах приблизно 15 хвилин, перевіряючи готовність через 10 хвилин.

d) Охолоджуйте на решітці для запікання принаймні 45 хвилин.

ДЛЯ ЗАВАРНОГО КРЕСТУ

e) За допомогою каструлі змішайте молоко і половину. Нагрівайте на повільному рівні, поки воно не нагріється, обережно, щоб не обпекти молоко.

f) В окремій мисці збийте разом цукор і кукурудзяний крохмаль. Після змішування додайте яєчні жовтки та ціле яйце до суміші кукурудзяного крохмалю.

g) Влийте в яєчну суміш підігріте молоко/половину.

h) Перелийте об'єднані **ІНГРЕДІЄНТИ:** в ту саму каструлю і поверніть на вогонь, постійно помішуючи на середньому рівні. НЕ відходьте – продовжуйте збивати.

i) Коли суміш загусне до консистенції пудингу, зніміть її з вогню. Останнім додайте ваніль.

j) Помістіть шоколадну стружку в ємність на 2 літри. Розігрівайте в мікрохвильовій печі з інтервалом 30 секунд, помішуючи між проміжками, поки не розтане. Додайте розтоплений шоколад до заварного крему до повного з'єднання.

k) Накрийте поліетиленовою плівкою, щоб уникнути утворення шкірки. Поставте в холодильник принаймні на 45 хвилин, поки не охолоне.

СИРНА НАЧИНКА:

l) За допомогою міксера збийте вершки до міцних піків. Відкласти.

m) За допомогою міксера змішайте вершковий сир до розм'якшення. Повільно додайте цукрову пудру до вершкового сиру та перемішайте до однорідності.

n) Додайте збиті вершки до вершково-сирної суміші. Перемішайте до повного з'єднання.

ЗБИТИЙ ТОПінг:

o) За допомогою міксера збийте жирні вершки до середніх піків.

p) Додайте цукор і продовжуйте збивати до щільних піків. НЕ збивайте.

ЗБІРКА:

q) Рівномірно розподіліть крем-сирну начинку по дну коржа для пирога.

r) Готову та охолоджену заварну начинку покрити крем-сирною начинкою.

s) Покрийте пиріг збитою начинкою.

t) Посипаємо подрібненою шоколадною стружкою.

9. Банановий кремовий пиріг

Робить: 7 порцій

ІНГРЕДІЄНТИ:
КОРИЖКА ДЛЯ ПИРОГА З ГОРЕХОМ (РОБИТЬ 1 КОЖКУ ДЛЯ ПИРОГА):
- 1 склянка борошна універсального призначення
- 1 чашка дрібно нарізаних пекан
- 4 унції розтопленого масла

ЗАВАРНА НАЧИНКА (ВИХОДИТЬ НА 1 ПИРОГ):
- 1 стакан цільного молока
- 1 чашка навпіл
- 1 стакан цукрового піску
- ¼ склянки кукурудзяного крохмалю
- 3 яєчних жовтки
- 1 ціле яйце
- 1 столова ложка ванільного екстракту

СИРНА НАЧИНКА:
- 1 чашка густих вершків для збивання
- 8 унцій вершкового сиру
- 1 стакан цукрової пудри

ЗБИТИЙ ТОПінг:
- 2 склянки густих вершків для збивання
- ½ склянки цукрової пудри

ЗБІРКА:
- Підготовлений і охолоджений корж для пирога
- ¾ склянки вершково-сирної начинки
- 2 банана, нарізаних на ухил
- Готовий і охолоджений заварний крем
- Збитий топінг
- Приблизно 2 столові ложки подрібненого горіха пекан

ІНСТРУКЦІЇ:
ПИРОГ З ПЕКАНОМ:
a) З'єднайте всі інгредієнти руками.

b) Натисніть на форму для пирога зі стінкою 9 дюймів. Обов'язково рівномірно притискайте всю тарілку, звертаючи особливу увагу на товщину кутів. Тріщин бути не повинно.

c) Випікайте корж при 375 градусах приблизно 15 хвилин, перевіряючи готовність через 10 хвилин.

d) Охолоджуйте на решітці для запікання принаймні 45 хвилин.

ЗАВАРНА НАЧИНКА:

e) За допомогою каструлі змішайте молоко і половину. Нагрівайте на повільному рівні, поки воно не нагріється, обережно, щоб не обпекти молоко.

f) В окремій мисці збийте разом цукор і кукурудзяний крохмаль. Після змішування додайте яєчні жовтки та ціле яйце до суміші кукурудзяного крохмалю.

g) Влийте підігріту суміш молока/половини в яєчну суміш.

h) Перелийте об'єднані **ІНГРЕДІЄНТИ:** в ту саму каструлю і поверніть на вогонь, постійно помішуючи на середньому рівні. НЕ відходьте – продовжуйте збивати.

i) Коли суміш загусне до консистенції пудингу, зніміть її з вогню. Останнім додайте ваніль.

j) Накрийте поліетиленовою плівкою, щоб уникнути утворення шкірки. Поставте в холодильник принаймні на 45 хвилин, поки не охолоне.

СИРНА НАЧИНКА:

k) За допомогою міксера збийте вершки до міцних піків. Відкласти.

l) За допомогою міксера змішайте вершковий сир до розм'якшення. Повільно додайте цукрову пудру до вершкового сиру та перемішайте до однорідності.

m) Додайте збиті вершки до вершково-сирної суміші. Перемішайте до повного з'єднання.

ЗБИТИЙ ТОПінг:

n) За допомогою міксера збийте жирні вершки до середніх піків.

o) Додайте цукор і продовжуйте збивати до щільних піків. НЕ збивайте.

ЗБІРКА:

p) Рівномірно розподіліть крем-сирну начинку по дну коржа для пирога.

q) Покладіть косо нарізані банани на вершково-сирну начинку.

r) Готовою та охолодженою заварною начинкою покрити банани.

s) Покрийте пиріг збитою начинкою та подрібненим горіхом пекан.

10.   Зерновий молочний пиріг з морозивом

ГОТУЄ 1 (10 ДЮЙМОВ) ПИРОГ; НА 8-10 ПОРЦІЙ

ІНГРЕДІЄНТИ:
- ½ порції кукурудзяних пластівців [180 г (2 чашки)]
- 25 г вершкового масла, розтопленого [2 столові ложки]
- 1 порція зернового молочного морозива

Напрямки

a) Руками подрібніть кукурудзяні пластівці до половини розміру.

b) Влийте розтоплене вершкове масло в подрібнені кукурудзяні пластівці, добре перемішайте. За допомогою пальців і долонь щільно втисніть суміш у 10-дюймову форму для пирога, переконавшись, що дно та боки форми рівномірно покриті. Загорнуту в пластик скоринку можна заморозити до 2 тижнів.

c) Використовуйте лопатку, щоб викласти морозиво в оболонку пирога. Заморожуйте пиріг принаймні на 3 години або поки морозиво не замерзне досить міцно, щоб пиріг було легко нарізати та подавати. Загорнутий у поліетиленову плівку, пиріг зберігатиметься 2 тижні в морозилці.

11. PB і J пиріг

ГОТУЄ 1 (10 ДЮЙМОВ) ПИРОГ; НА 8-10 ПОРЦІЙ

ІНГРЕДІЄНТИ:
- 1 порція незапеченого Ritz Crunch
- 1 порція нуги з арахісовим маслом
- 1 порція виноградного сорбету Concord
- ½ порції виноградного соусу Конкорд

Напрямки
a) Розігрійте духовку до 275°F.
b) Видавіть хрускіт Ritz у 10-дюймову форму для пирога. Використовуючи пальці та долоні, міцно притисніть кранч, стежачи за тим, щоб рівномірно та повністю покрили дно та боки.
c) Поставте форму на деко і запікайте 20 хвилин. Скоринка Ritz повинна бути трохи більш золотисто-коричневою та трохи глибшою, ніж суха, з якої ви почали. Повністю охолодіть скоринку Ritz crunch; загорнувши в поліетилен, скоринку можна заморозити до 2 тижнів.
d) Розсипте нугу з арахісовим маслом на дно скоринки для пирога, а потім обережно притисніть її, щоб утворився плоский шар. Заморозьте цей шар на 30 хвилин або до охолодження та твердості. Викладіть сорбет на нугу та розподіліть його рівним шаром. Поставте пиріг у морозилку, поки сорбет не застигне, від 30 хвилин до 1 години.
e) Ложкою нанесіть виноградний соус Конкорд на верх пирога і швидко розподіліть його по сорбету.
f) Помістіть пиріг назад у морозильну камеру до готовності до нарізання та подачі. Загорнувши (м'яко) в поліетилен, пиріг можна заморозити до 1 місяця.

12.   Банановий кремовий пиріг

ГОТУЄ 1 (10 ДЮЙМОВ) ПИРОГ; НА 8-10 ПОРЦІЙ

ІНГРЕДІЄНТИ:
- 1 порція бананового крему
- 1 порція шоколадної скоринки
- 1 банан, щойно стиглий, нарізаний

банановий крем
- 225 г бананів
- 75 г жирних вершків [⅓ склянки]
- 55 г молока [¼ склянки]
- 100 г цукру [½ склянки]
- 25 г кукурудзяного крохмалю [2 столові ложки]
- 2 г кошерної солі [½ чайної ложки]
- 3 яєчних жовтки
- 2 листи желатину
- 40 г вершкового масла [3 столові ложки]
- 25 крапель жовтого харчового барвника [½ чайної ложки]
- 160 г жирних вершків [¾ склянки]
- 160 г кондитерського цукру [1 стакан]

Напрямки
a) Вилийте половину бананового крему в корж для пирога. Покрийте його шаром нарізаних бананів, потім покрийте банани залишками бананового крему. Пиріг потрібно зберігати в холодильнику і з'їсти протягом доби після приготування.
b) Змішайте банани, вершки та молоко в блендері та подрібніть до однорідного стану.
c) Додайте цукор, кукурудзяний крохмаль, сіль і жовтки та продовжуйте перемішувати до однорідності. Перелийте суміш у середню каструлю. Очистіть каністру блендера.
d) Запустіть желатин.
e) Збийте вміст сковороди і нагрійте на середньому слабкому вогні. Коли бананова суміш нагріється, вона загусне. Доведіть до кипіння, а потім продовжуйте інтенсивно збивати протягом 2 хвилин, щоб повністю зварити

крохмаль. Суміш буде нагадувати густий клей, що межує з цементом, відповідного кольору.

f) Висипте вміст каструлі в блендер. Додайте розпущений желатин і вершкове масло і перемішуйте, поки суміш не стане однорідною. Пофарбуйте суміш жовтим харчовим барвником, поки вона не стане яскраво-мультяшно-банановою.

g) Перемістіть бананову суміш у термобезпечний контейнер і поставте в холодильник на 30-60 хвилин — стільки, скільки потрібно, щоб повністю охолонути.

h) Віночком або міксером з насадкою для збивання збийте вершки та кондитерський цукор до середньої м'якості.

i) Додайте холодну бананову суміш до збитих вершків і повільно збивайте до рівномірного кольору та однорідності. Зберігаючи банановий крем у герметичному контейнері, він зберігає свіжість до 5 днів у холодильнику.

13. Брауні пиріг

ГОТУЄ 1 (10 ДЮЙМОВ) ПИРОГ; НА 8-10 ПОРЦІЙ

ІНГРЕДІЄНТИ:
- ¾ порції кірки Graham [255 г (1½ склянки)]
- 125 г 72% шоколаду [4½ унції]
- 85 г вершкового масла [6 столових ложок]
- 2 яйця
- 150 г цукру [¾ склянки]
- 40 г борошна [¼ склянки]
- 25 г какао-порошку
- 2 г кошерної солі [½ чайної ложки]
- 110 г жирних вершків [½ склянки]

Напрямки

a) Розігрійте духовку до 350°F.

b) Викладіть 210 г (1¼ склянки) скоринки Грем у 10-дюймову форму для пирога, а решта 45 г (¼ склянки) відкладіть убік. Пальцями та долонями щільно притисніть скоринку до форми для пирога, повністю покриваючи дно та стінки форми. Загорнуту в пластик скоринку можна зберігати в холодильнику або заморожувати до 2 тижнів.

c) Змішайте шоколад і масло в мисці, придатній для використання в мікрохвильовій печі, і обережно розтопіть їх на слабкому вогні протягом 30-50 секунд. Використовуйте термостійку лопатку, щоб перемішати їх, доки суміш не стане глянсовою та гладкою.

d) З'єднайте яйця та цукор у чаші штатного міксера з насадкою для віночка та збивайте разом на високій потужності протягом 3–4 хвилин, доки суміш не стане пухкою, блідо-жовтою та не стане стрічковою. (Від'єднайте віночок, занурте його у збиті яйця та помахайте ним вперед-назад, як маятник: суміш має утворити потовщену шовковисту стрічку, яка спадає, а потім зникає в тісті.) Якщо суміш не утворює стрічок, продовжуйте збивати на високій швидкості за потреби.

e) Замініть віночок насадкою-лопаткою. Додайте шоколадну суміш до яєць і коротко перемішайте на низькій швидкості, потім збільште швидкість до середньої та варіть суміш протягом 1 хвилини або поки вона не стане коричневою та повністю однорідною. Якщо є темні смуги шоколаду, побийте ще кілька секунд або за потреби. Очистіть стінки миски.

f) Додайте борошно, какао-порошок і сіль і перемішуйте на низькій швидкості протягом 45-60 секунд. Не повинно бути грудок сухих інгредієнтів. Якщо є грудочки, перемішайте ще 30 секунд. Очистіть стінки миски.

g) Влийте густі вершки на низькій швидкості, перемішуючи протягом 30-45 секунд, поки тісто трохи не розпушиться і білі прожилки вершків повністю не змішаються. Зішкрібіть стінки миски.

h) Від'єднайте лопать і вийміть чашу з міксера. Акуратно додайте лопаткою 45 г (¼ чашки) скоринки Грем.

i) Візьміть деко і покладіть на нього форму для пирога з коржами Грем. Лопаткою зішкребіть тісто для брауні в шкаралупу. Випікати 25 хвилин. Пиріг повинен злегка роздутися з боків, а зверху утворитися цукрова скоринка. Якщо пиріг брауні все ще рідкий у центрі та не утворив скоринки, випікайте його ще близько 5 хвилин.

j) Остудіть пиріг на решітці. (Ви можете прискорити процес охолодження, обережно перемістивши пиріг у холодильник або морозильну камеру прямо з духовки, якщо ви поспішаєте.) Загорнутий у поліетилен, пиріг зберігатиметься свіжим у холодильнику до 1 тижня або в морозильній камері до 2 тижнів.

14.   <u>Коник пиріг</u>

ГОТУЄ 1 (10 ДЮЙМОВ) ПИРОГ; НА 8-10 ПОРЦІЙ

ІНГРЕДІЄНТИ:
- 1 порція пирога Брауні, приготованого на етапі 8
- 1 порція м'ятної начинки для чізкейку
- 20 г міні-шоколадної стружки [2 столові ложки]
- 25 г міні-зефіру [½ склянки]
- 1 порція теплої м'ятної глазурі

Напрямки
a) Розігрійте духовку до 350°F.
b) Візьміть деко і покладіть на нього форму для пирога з коржами Грем. Вилийте м'ятну начинку для чізкейку в оболонку. Зверху вилийте тісто для брауні. Використовуйте кінчик ножа, щоб покрутити тісто та м'ятну начинку, подразнюючи смуги м'ятної начинки, щоб вони виднілися крізь тісто для брауні.
c) Посипте міні-шоколадну стружку в невелике кільце в центрі пирога, залишивши серединку порожнім. Посипте міні-зефір кільцем навколо кільця шоколадної стружки.
d) Випікати пиріг 25 хвилин. Воно повинно злегка роздутися по краях, але все ще бути хитким у центрі. Міні-шоколадна стружка виглядатиме так, ніби вона починає танути, а міні-зефір має бути рівномірним. Якщо це не так, залиште пиріг у духовці ще на 3-4 хвилини.
e) Повністю охолодіть пиріг перед тим, як закінчити.
f) Переконайтеся, що ваша глазур все ще тепла на дотик. Занурте зубці виделки в теплу глазур, а потім повісьте вилку приблизно на 1 дюйм над центром пирога.
g) Помістіть пиріг у холодильник, щоб м'ятна глазур застигла перед подачею — це станеться, щойно він охолоне, приблизно через 15 хвилин. Загорнутий у поліетилен, пиріг зберігатиметься свіжим у холодильнику до 1 тижня або в морозильній камері до 2 тижнів.

15. Блонді пиріг

ІНГРЕДІЄНТИ:
- ¾ порції Graham Crust
- [255 г (1½ склянки)]
- 1 порція начинки для пирога Блонді
- 1 порція праліне з кешью

ДЛЯ НАЧИНКИ
- 160 г білого шоколаду [5½ унцій]
- 55 г вершкового масла [4 столові ложки (½ палички)]
- 2 яєчних жовтки
- 40 г цукру [3 столові ложки]
- 105 г жирних вершків [½ склянки]
- 52 г борошна [⅓ склянки]
- ½ порції Кеш'ю Бріттл
- 4 г кошерної солі [1 чайна ложка]

Напрямки

a) Змішайте білий шоколад і масло в мисці, придатній для мікрохвильової печі, і обережно розтопіть їх на середньому рівні з кроком у 30 секунд, помішуючи між ударами. Коли суміш розтане, збийте віночком до однорідності.

b) Помістіть яєчні жовтки та цукор у середню миску та збийте до однорідності. Влийте білу шоколадну суміш і перемішайте. Повільно влийте жирні вершки та збийте, щоб з'єднати.

c) Змішайте борошно, кешью та сіль у невеликій мисці, а потім обережно додайте їх до начинки. Використовуйте негайно або зберігайте в герметичному контейнері в холодильнику до 2 тижнів.

ДЛЯ НАЧИНКИ

d) Розігрійте духовку до 325°F.

e) Викладіть скоринку Грема в 10-дюймову форму для пирога. Пальцями та долонями щільно притисніть корж до форми для пирога, рівномірно покривши дно та боки. Відставте, поки ви робите начинку. Загорнуту в пластик скоринку можна зберігати в холодильнику або заморожувати до 2 тижнів.

f) Поставте форму для пирога на деко і налийте начинку для світлого пирога. Випікати пиріг 30 хвилин. Він трохи застигне в центрі і потемніє. Якщо це не так, додайте від 3 до 5 хвилин. Дайте охолонути до кімнатної температури.

g) Безпосередньо перед подачею покрийте верх пирога праліне з кешью.

16.   Цукерковий пиріг

ГОТУЄ 1 (10 ДЮЙМОВ) ПИРОГ; ПОДАЧІ 8

ІНГРЕДІЄНТИ:
- 1 порція розтопленої солоної карамелі
- 1 порція шоколадної скоринки, охолоджена
- 8 міні кренделів
- 1 порція нуги з арахісовим маслом
- 45 г 55% шоколаду [1½ унції]
- 45 г білого шоколаду [1½ унції]
- 20 г олії виноградних кісточок [2 столові ложки]

Напрямки

a) Солону карамель вилити в корж. Поверніть його в холодильник для застигання принаймні на 4 години або на ніч.

b) Розігрійте духовку до 300°F.

c) Викладаємо кренделі на деко і обсмажуємо 20 хвилин. Відставте остигати.

d) Візьміть пиріг із холодильника та покрийте поверхню застиглої карамелі нугою. Долонями притисніть і розрівняйте нугу в рівний шар. Поверніть пиріг у холодильник і дайте нузі застигнути протягом 1 години.

e) Зробіть шоколадну глазур, з'єднавши шоколадні цукерки та олію в мисці, придатній для мікрохвильової печі, і обережно розтопіть їх на середньому рівні з кроком у 30 секунд, помішуючи між ударами. Коли шоколад розтопиться, збийте суміш до однорідності та блиску. Використовуйте глазур того ж дня або зберігайте в герметичному контейнері при кімнатній температурі до 3 тижнів.

f) Готовий пиріг: вийміть його з холодильника та за допомогою кондитерського пензлика нанесіть тонкий шар шоколадної глазурі на нугу, повністю покриваючи її. (Якщо глазур затверділа, обережно підігрійте її, щоб було легко малювати на пиріжку.) Розкладіть кренделі рівномірно по краях пирога. Використовуйте кондитерський пензлик, щоб намалювати залишки шоколадної глазурі тонким шаром на кренделях, запечатуючи їх свіжість і аромат.

g) Поставте пиріг в холодильник мінімум на 15 хвилин, щоб шоколад застиг. Загорнутий у поліетилен, пиріг зберігатиметься свіжим у холодильнику протягом 3 тижнів або в морозилці до 2 місяців; розморозити перед подачею.

a) Розріжте пиріг на 8 скибочок, орієнтуючись на кренделі: на кожній скибці має бути цілий крендель.

17. Лимонно-безе-фісташковий пиріг

ГОТУЄ 1 (10 ДЮЙМОВ) ПИРОГ; НА 8-10 ПОРЦІЙ

ІНГРЕДІЄНТИ:

- 1 порція фісташкового хрусту
- 15 г білого шоколаду, розтопленого [½ унції]
- ¼ порції Lemon Curd [305 г (1⅓ чашки)]
- 200 г цукру [1 склянка]
- 100 г води [½ склянки]
- 3 яєчних білка
- ⅓ порції лимонного курду [155 г (¼ склянки)]

Напрямки

a) Викладіть фісташковий хрускіт у 10-дюймову форму для пирога. Пальцями та долонями щільно втисніть хрускіт у форму для пирога, переконавшись, що дно та боки рівномірно покриті. Відкладіть, поки ви робите начинку; загорнутий у поліетилен, скоринку можна зберігати в холодильнику до 2 тижнів.

b) Використовуючи кондитерський пензлик, нанесіть тонкий шар білого шоколаду на дно та вгору з боків коржа. Поставте скоринку в морозилку на 10 хвилин, щоб шоколад застиг.

c) Помістіть 305 г (1⅓ склянки) лимонного курду в невелику миску та перемішайте, щоб трохи розпушити. Нагрійте лимонний курд у скоринку та за допомогою тильної сторони ложки або лопатки розподіліть його рівним шаром. Помістіть пиріг у морозилку приблизно на 10 хвилин, щоб шар лимонного сиру застиг.

d) Тим часом змішайте цукор і воду в маленькій каструлі з товстим дном і обережно розсипте цукор у воді, поки він не стане схожим на мокрий пісок. Поставте каструлю на середній вогонь і нагрійте суміш до 115°C (239°F), відстежуючи температуру за допомогою миттєвого зчитування або термометра для цукерок.

e) Поки цукор нагрівається, помістіть яєчні білки в чашу міксера і за допомогою насадки для віночка почніть збивати їх до середньої м'якості.

f) Коли цукровий сироп нагріється до 115°C (239°F), зніміть його з вогню й дуже обережно влийте до збитих яєчних білків, не збиваючи вінчиком: перш ніж це зробити, зменшіть швидкість міксера до дуже низької швидкості, якщо ви не хочете, щоб на обличчі залишилися цікаві сліди опіків .

g) Коли весь цукор буде успішно додано до яєчних білків, збільште швидкість міксера та дайте безе збити, поки воно не охолоне до кімнатної температури.

h) Поки безе збивається, помістіть 155 г (¼ склянки) лимонного курду у велику миску та перемішайте лопаткою, щоб трохи розпушити.

i) Коли безе охолоне до кімнатної температури, вимкніть міксер, вийміть чашу та лопаткою змішайте безе з лимонним курдом, доки не залишиться білих смуг, обережно, щоб безе не здулося.

j) Вийміть пиріг із морозильної камери та насипте лимонне безе на лимонний курд. За допомогою ложки викладіть безе рівним шаром, повністю покриваючи лимонний курд.

k) Подавайте або зберігайте пиріг у морозилці до готовності до використання. Щільно загорнутий у поліетиленову плівку після сильного заморожування він зберігатиметься в морозилці до 3 тижнів. Перед подачею дайте пирогу розморозитися протягом ночі в холодильнику або принаймні 3 години при кімнатній температурі.

18. Крек пиріг

ГОТУЄ 2 (10 ДЮЙМОВ) ПИРОГИ; КОЖНА ПОДАЧА 8-10

ІНГРЕДІЄНТИ:

- 1 порція вівсяного печива
- 15 г світло-коричневого цукру [1 столова ложка в щільній упаковці]
- 1 г солі [¼ чайної ложки]
- 55 г розтопленого вершкового масла або за потреби [4 столові ложки (½ палички)]
- 1 порція начинки для пирога Крек
- цукор кондитерський, для посипання

ДЛЯ НАЧИНКИ

- 300 г цукрового піску [1½ склянки]
- 180 г світло-коричневого цукру [¾ склянки щільно упакованої]
- 20 г сухого молока [¼ склянки]
- 24 г кукурудзяного порошку [¼ склянки]
- 6 г кошерної солі [1½ чайної ложки]
- 225 г вершкового масла, розтопленого [16 столових ложок (2 палички)]
- 160 г жирних вершків [¾ склянки]
- 2 г екстракту ванілі [½ чайної ложки]
- 8 яєчних жовтків

Напрямки

a) Розігрійте духовку до 350°F.

b) Помістіть вівсяне печиво, коричневий цукор і сіль у кухонний комбайн і вмикайте та вимикайте його, поки печиво не розіб'ється на вологий пісок. (Якщо у вас немає кухонного комбайна, ви можете підробити його, поки не зробите його і старанно покришите вівсяне печиво руками.)

c) Перекладіть крихти в миску, додайте вершкове масло та вимішуйте суміш вершкового масла та меленого печива до достатньої вологи, щоб сформувати кулю. Якщо воно недостатньо вологе для цього, розтопіть ще 14–25 г (1–1½ столової ложки) вершкового масла та розімніть його.

d) Розділіть вівсяну скоринку рівномірно між 2 (10-дюймовими) формами для пирогів. Використовуючи пальці та долоні, щільно притисніть скоринку вівсяного печива до кожної форми для пирога, переконавшись, що дно та боки форми рівномірно покриті. Використовуйте оболонки для пирога негайно або добре загорніть у поліетилен і зберігайте при кімнатній температурі до 5 днів або в холодильнику до 2 тижнів.

e) Покладіть обидві оболонки пирога на деко. Рівномірно розподіліть начинку для пирога з креком між коржами; начинка повинна заповнити їх на три чверті. Випікати лише 15 хвилин. Зверху пироги повинні стати золотисто-коричневими, але все одно будуть дуже рухливими.

f) Відкрийте дверцята духовки та зменшіть температуру духовки до 325°F. Залежно від вашої духовки може знадобитися 5 хвилин або більше, щоб духовка охолола до нової температури. Під час цього процесу тримайте пиріжки в духовці. Коли духовка розігріється до 325°F, закрийте дверцята і випікайте пироги ще 5 хвилин. Пиріжки все ще повинні хитатися в центрі, але не навколо зовнішніх країв. Якщо начинка все ще занадто рухлива, залиште пироги в духовці ще приблизно на 5 хвилин.

g) Обережно вийміть форму з крек-пирігами з духовки та перемістіть на решітку, щоб охолонути до кімнатної температури. (Ви можете пришвидшити процес охолодження, обережно перемістивши пироги в холодильник або морозильну камеру, якщо ви поспішаєте.) Потім заморозьте свої пироги принаймні на 3 години або на ніч, щоб ущільнити начинку для отримання щільного кінцевого продукту — заморожування є фірмовою технікою та результатом ідеально виконаного пирога з креком.

h) Якщо ви не подаєте пироги відразу, добре загорніть їх у поліетиленову плівку. У холодильнику вони збережуть свіжість 5 днів; в морозильній камері вони зберігаються 1 місяць. Перемістіть пиріг(и) з морозильної камери в холодильник, щоб розморозити щонайменше за 1 годину, перш ніж ви будете готові туди потрапити.

i) Подавайте свій пиріг холодним! Прикрасьте свій пиріг (пироги) кондитерським цукром, або пропустивши його через дрібне сито, або розподіливши щіпки пальцями.

ДЛЯ НАЧИНКИ

j) Змішайте цукор, коричневий цукор, сухе молоко, кукурудзяний порошок і сіль у чаші міксера з лопатевою насадкою та перемішайте на низькій швидкості до однорідної суміші.

k) Додайте розтоплене вершкове масло і варіть 2-3 хвилини, поки всі сухі інгредієнти не стануть вологими.

l) Додайте жирні вершки та ваніль і продовжуйте перемішувати на слабкому рівні протягом 2-3 хвилин, доки всі білі смуги вершків повністю не зникнуть у суміші. Очистіть стінки миски шпателем.

m) Додайте яєчні жовтки, додаючи їх до суміші, щоб з'єднати; Будьте обережні, щоб не аерувати суміш, але переконайтеся, що суміш глянцева та однорідна. Перемішуйте на низькій швидкості, поки не стане.

n) Використовуйте начинку відразу або зберігайте її в герметичному контейнері в холодильнику до 1 тижня.

19. Молочний пиріг із солодкою кукурудзою

ГОТУЄ 1 (10–ДЮЙМОВ) ПИРОГ; НА 8-10 ПОРЦІЙ

ІНГРЕДІЄНТИ:
- 225 г кукурудзяного печива [приблизно 3 печива]
- 25 г вершкового масла, розтопленого або за потреби [2 столові ложки]
- 1 порція солодкої кукурудзи з начинкою «Морозиво».

Напрямки

a) Помістіть кукурудзяне печиво в кухонний комбайн і вмикайте та вимикайте його, доки воно не розкришиться на яскраво-жовтий пісок.

b) У мисці вручну вимісіть суміш масла та меленого печива, доки вона не стане достатньо вологою, щоб сформувати кулю. Якщо воно недостатньо вологе для цього, розтопіть ще 14 г (1 столову ложку) вершкового масла та розімніть його.

c) Використовуючи пальці та долоні, щільно притисніть корж кукурудзяного печива до 10-дюймової тарілки для пирога. Переконайтеся, що дно та стінки пиріжкової тарілки рівномірно покриті. Загорнуту в пластик скоринку можна заморозити до 2 тижнів.

d) Використовуйте лопатку, щоб зішкребти та розподілити начинку «морозиво» з зернового молока в оболонку пирога. Постукайте пирогом з начинкою по поверхні столу, щоб вирівняти начинку.

e) Заморозьте пиріг принаймні на 3 години або доки «морозиво» не замерзне й не затвердіє, щоб його можна було нарізати та подавати. Якщо ви відкладаєте шматочки раю на потім, ви можете заморозити пиріг з морозивом, загорнутий у поліетилен, до 2 тижнів.

20.   Вершковий пиріг з рікоттою

Робить: 6

ІНГРЕДІЄНТИ:
- 1 магазинне корж для пирога
- 1 ½ фунта сиру Рікотта
- ½ склянки сиру маскарпоне
- 4 збитих яйця
- ½ склянки білого цукру
- 1 столова ложка бренді

ІНСТРУКЦІЇ:
a) Розігрійте духовку до 350 градусів за Фаренгейтом.
b) З'єднайте всі ІНГРЕДІЄНТИ начинки : в мисці для змішування. Потім вилийте суміш в корж.
c) Розігрійте духовку до 350°F і випікайте 45 хвилин.
d) Охолодіть пиріг принаймні 1 годину перед подачею.

21. Кешью-банановий кремовий пиріг

Робить 8 порцій

ІНГРЕДІЄНТИ:

- 11/2 чашки веганських крихт ванільного печива
- 1/4 склянки веганського маргарину, розтопленого
- 1/2 склянки несолоних сирих кешью
- 1 (13 унцій) банка несолодкого кокосового молока
- 2/3 склянки цукру
- стиглі банани
- 1 столова ложка пластівців агару
- 1 чайна ложка чистого екстракту ванілі
- 1 чайна ложка екстракту кокоса (за бажанням)
- Веганські збиті вершки, домашні або куплені в магазині, і підсмажений кокос для гарніру

ІНСТРУКЦІЇ:

a) Злегка змастіть маслом дно та боки 8-дюймової пружинної форми або тарілки для пирога та відкладіть. У кухонному комбайні з'єднайте крихти печива та маргарин і збивайте, поки крихти не стануть зволоженими. Видавіть суміш крихт на дно та боки підготовленої форми. Поставте в холодильник, поки не знадобиться.

b) У високошвидкісному блендері подрібніть кешью до стану порошку. Додайте кокосове молоко, цукор і один банан і перемішайте до однорідності. Перелийте суміш у каструлю, додайте пластівці агару та залиште на 10 хвилин, щоб агар розм'якшив. Доведіть до кипіння, а потім зменшіть вогонь до мінімуму і варіть, постійно помішуючи, щоб розчинити агар, приблизно 3 хвилини. Зніміть з вогню та додайте лимонний сік, ваніль і кокосовий екстракт, якщо використовуєте. Відкласти.

c) Решту 2 бананів наріжте скибочками розміром 1/4 дюйма та рівномірно покладіть на дно готової

d) каструля. Викладіть кешью-бананову суміш на сковороду, а потім поставте в холодильник, поки добре не охолоне. Коли будете готові до подачі, прикрасьте збитими вершками та підсмаженим кокосом. Зберігайте залишки накритими в холодильнику.

22. Пиріг з арахісовим маслом і морозивом

Робить 8 порцій

ІНГРЕДІЄНТИ:
- 1 1/2 склянки веганських крихт з шоколадного печива
- 1/4 склянки веганського маргарину, розтопленого
- 1 літр веганського ванільного морозива, розм'якшеного
- 2 склянки вершкового арахісового масла
- Веганські шоколадні завитки, для прикраси

ІНСТРУКЦІЇ:
a) Злегка змастіть маслом дно та боки 9-дюймової пружинної форми та відкладіть. У кухонному комбайні змішайте крихти печива та маргарин і обробляйте, поки крихти не стануть зволоженими. Викладіть суміш крихт у підготовлену сковороду та притисніть до дна та стінок сковороди. Поставте в холодильник, поки не знадобиться.
b) У кухонному комбайні з'єднайте морозиво та арахісове масло, перемішайте до однорідності. Рівномірно розподіліть суміш у підготовлений корж.
c) Заморозьте на 3 години або на ніч. Доведіть пиріг до кімнатної температури протягом 5 хвилин і обережно зніміть стінки форми. Посипте шоколадними завитками поверх пирога і подавайте.

23.   Б остон кремовий пиріг

Склад: 1 порція

ІНГРЕДІЄНТИ:
- 1 стакан молока
- ½ склянки цукрового піску
- 3 столові ложки борошна
- ⅛ чайної ложки солі
- 2 яєчних жовтки
- 1½ чайної ложки ванілі
- 2 8-дюймові шари Boston Favorite
- Торт (див. ММ №3607)
- Кондитери цукру

ІНСТРУКЦІЇ:
a) Нагрійте молоко в каструлі до гарячого стану, потім швидко вмішайте в нього цукровий пісок, борошно і сіль. Варіть на помірному вогні, постійно помішуючи, до дуже густого стану.
b) Додати жовтки і варити, продовжуючи помішувати, ще 4-5 хвилин. Зняти з вогню, додати ваніль і охолодити, періодично помішуючи. Добре накрийте та поставте в холодильник до готовності до використання.
c) Викладіть заварний крем між шарами торта і присипте верх торта кондитерським цукром. Зберігати в холодильнику.

РУЧНІ ПИРОГИ

24. Ручні пироги S'mores

Робить: 8 ручних пирогів

ІНГРЕДІЄНТИ:
- 1 упаковка (2 скоринки) охолоджених сирих тістечок
- 2 ст.л. плюс 2 ч.л. вершкового масла, розтопленого
- 1 стакан пасти зефіру
- 4 подвійні крекери Грем, подрібнені
- 1 склянка напівсолодкої шоколадної стружки
- 1 велике яйце, злегка збите

ІНСТРУКЦІЇ:
a) Розігрійте духовку до 340°F (171°C).
b) Вистеліть два дека пергаментним папером і відкладіть.
c) Покладіть коржі на присипану борошном робочу поверхню і злегка розкачайте качалкою. Використовуючи невелику, перевернуту миску з 6-дюймовим. (15 см) діаметром, натисніть на тісто, щоб вирізати 8 кіл. Змастіть кожен гурток 1 чайною ложкою масла.
d) На кожен гурток покладіть 2 столові ложки маршмеллоу. Рівномірно розподіліть крихти крекеру Грем по половині всіх 8 кіл, залишивши ½-дюймовий (1,25 см) обідок. Зверху кожен посипати напівсолодкою шоколадною стружкою.
e) За допомогою кондитерської кисті краї кружечків розмалюйте яйцем. Складіть кружечки та натисніть, щоб запечатати. Виделкою зробіть поглиблення навколо коржів. Гострим ножем зробіть отвори для виходу пари.
f) Випікайте від 12 до 14 хвилин або до золотисто-коричневого кольору. Перед подачею дайте трохи охолонути.
g) Зберігання: зберігати в герметичному контейнері при кімнатній температурі до 3 днів.

25. Чорничні ручні пироги

Робить: 8

ІНГРЕДІЄНТИ:
- 1 стакан чорниці
- 2½ столові ложки цукрової пудри
- 1 чайна ложка лимонного соку
- 1 щіпка солі
- 320 г охолодженого тіста для пирога
- вода

ІНСТРУКЦІЇ:
a) Змішайте чорницю, цукор, лимонний сік і сіль у середній мисці.
b) Розкачайте коржі та виріжте 6-8 окремих кіл.
c) У центр кожного кружечка покладіть приблизно 1 ложку чорничної начинки.
d) Змочіть краї тіста та складіть його на начинку, щоб створити форму півмісяця.

e) Акуратно зігніть краї тістечка виделкою. Потім на верхівці ручних пиріжків виріжте три надрізи.
f) Збризніть кулінарну олію на ручні пироги.
g) Помістіть їх на SearPlate.
h) Увімкніть духовку Air Fryer і поверніть ручку, щоб вибрати «Випікання».
i) Виберіть таймер на 20 хвилин і температуру на 350 °F.
j) Коли прилад подасть звуковий сигнал, який означає, що він попередньо нагрівся, відкрийте дверцята духовки та вставте в духовку SearPlate.
k) Перед подачею дайте охолонути протягом двох хвилин.

26. Полуничний пиріг

Склад: 1 порція

ІНГРЕДІЄНТИ:
- 1 Нанесіть вершкове масло
- 1¼ склянки цукру
- 1 яйце
- 3 унції вершкового сиру
- 2 чайні ложки пахти
- 3 склянки борошна універсального призначення
- ¼ чайної ложки соди
- 1 чайна ложка розпушувача
- ½ чайної ложки солі
- 1 склянка полуничного варення
- 2 склянки нарізаної кубиками свіжої полуниці
- 1 чайна ложка лимонного соку
- 2 чайні ложки цедри лимона

ІНСТРУКЦІЇ:
a) Щоб зробити тісто, змішайте вершкове масло та цукор за допомогою електричного міксера. Додайте яйце та вершковий сир, добре перемішайте.
b) Додайте вершкове молоко та перемішайте, щоб з'єднати. Повільно вмішуйте борошно, щоб сформувати тісто. Додайте харчову соду, розпушувач і сіль. Добре перемішайте, а потім вимісіть тісто руками, сформувавши кулю.
c) Поставте тісто в холодильник на 1 годину. Щоб приготувати пироги, розкачайте тісто та виріжте шість кіл діаметром 6 дюймів. Приготуйте начинку, змішавши полуничне консервування, свіжу полуницю, лимонний сік і лимонну цедру. Ложкою викладіть 3 столові ложки начинки на одну сторону кожного кола тіста. Зігніть чисту сторону та притисніть краї разом виделкою.
d) Випікайте при 375 градусах 20 хвилин до золотистого кольору.

27. Яблучні ручні пироги

Робить: 8-10 ручних пирогів

ІНГРЕДІЄНТИ:
- 2 склянки борошна універсального призначення
- 1 чайна ложка солі
- 1 столова ложка цукру
- 3/4 палички (3/4 склянки) овочевого жиру, нарізаного кубиками
- Від 4 до 8 столових ложок холодної води

ДЛЯ НАЧИНКИ
- 2 великих яблука для запікання, очищених від шкірки, серцевини та нарізаних кубиками
- 3 столові ложки цукрового піску
- 3 столові ложки світло-коричневого цукру
- 1 1/2 чайної ложки спеції для яблучного пирога
- 1 чайна ложка борошна універсального призначення

ДЛЯ ПОЧИНКИ
- 1 велике яйце
- 1 чайна ложка води
- ігристий цукор, за бажанням

ІНСТРУКЦІЯ
ДЛЯ СКОРИНКИ
a) У великій мисці збийте разом борошно, сіль і цукр.
b) За допомогою блендера або двох ножів подрібніть шортинг у борошняну суміш.
c) Розмішайте виделкою рівно стільки води, щоб тісто з'єдналося.
d) Сформувати з тіста кулю та розплющити у круглий диск. Для зручності розкачування загорніть тісто в поліетиленову плівку. Охолодіть протягом 30 хвилин або до 2 днів.
e) Коли тісто охолоне і ви будете готові збирати пироги, розігрійте духовку до 400°F, застеліть деко пергаментним папером і приготуйте начинку.
ДЛЯ НАЧИНКИ

f) У середню миску перемішайте яблука з цукром, спеціями для яблучного пирога та борошном.

ЗБІРАЙТЕ ПИРОГИ

g) Вийміть тісто з холодильника та вийміть його з пластикової упаковки.

h) На робочій поверхні, рясно присипаній борошном, розкачайте тісто до товщини приблизно 1/8 дюйма.

i) Використовуйте 5-дюймову круглу форму для печива, щоб нарізати тісто на кружечки. За потреби розкачайте тісто, щоб створити 8-10 кіл.

j) Додайте по одній столовій ложці начинки в центр кожного кола з тіста, залишаючи якомога більше рідини.

k) Зігніть коло тіста навпіл і за допомогою пальців або виделки закріпіть краї.

l) Викласти ручні пироги на підготовлене деко.

m) У маленькій мисці збийте разом яйце та воду.

n) Використовуйте кінчик гострого ножа, щоб зробити 2 невеликі прорізи у верхівці кожного пирога.

o) Використовуйте кондитерський пензлик, щоб злегка змастити верхівку ручних пирогів яєчним розчином. За бажанням посипте цукром.

p) Випікайте в попередньо розігрітій формі 20-25 хвилин або до золотисто-коричневого кольору.

q) Дати ручним пирогам охолонути. За бажанням подавайте з домашнім соусом з солоної карамелі.

ФРУКТОВІ ПИРОГИ

28. Ключовий лаймовий пиріг

Робить: 8-10

ІНГРЕДІЄНТИ:
СКОРИНКА:
- 2 склянки горіхів макадамії
- 2 чашки пекан
- 2 щіпки солі
- 2-3 столові ложки фінікової пасти

НАПОВНЕННЯ
- 1 склянка соку лайма
- 1 чайна ложка зеленої їжі (за бажанням)
- 1 склянка вологого авокадо
- 1 ½ склянки кокосового молока
- 1 чашка нектару агави
- 3 столові ложки солі лецитину та ванілі за смаком
- 1 чашка кокосової олії без запаху

ПОЧИВКА БЕЗЕ
- 1 унція (¼ упакованої склянки) змоченого та промитого морського моху
- ½ склянки води
- 2 склянки кокосового молока
- ½ чашки кокосового м'яса
- ½ склянки замочених кешью
- 6 столових ложок агави
- сіль і ваніль за смаком
- 1 ½ столової ложки лецитину
- 1 чашка кокосової олії (без запаху)

ІНСТРУКЦІЇ:
СКОРИНКА:
a) Помістіть усі інгредієнти в кухонний комбайн і подрібніть до однорідного стану.
b) Видавіть на тарілку для пирога і поставте в холодильник до твердого стану.
НАПОВНЕННЯ

c) Зробіть кокосове молоко, змішавши воду молодого кокоса з його м'ясом.
d) Перемішайте до однорідності.
e) Вилийте в корж для пирога і дайте застигнути в холодильнику.

ПОЧИВКА БЕЗЕ

f) Замочіть мох на 30 хвилин - 3 години в очищеній воді, добре промийте і злийте воду.
g) Змішайте морський мох і воду протягом принаймні 30 секунд або до повного розкладання.
h) Додайте решту ІНГРЕДІЄНТІВ : окрім лецитину та кокосової олії, і перемішайте до однорідності.
i) Під час змішування додайте лецитин і кокосову олію до отримання однорідної кремоподібної маси.
j) Перелийте в миску та поставте в холодильник, поки воно не загусне та не стане холодним.

29. Яблучний пиріг на сковороді

Виготовляє: 8 Виготовляє: 1 яблучний пиріг

- ½ склянки вершкового масла
- 1 чашка коричневого цукру
- 5 очищених яблук Гренні Сміт, і тонко нарізати
- 3 (9 дюймів) охолоджених попередньо розгорнутих коржів для пирога
- 1 чашка білого цукру, розділена
- 2 чайні ложки меленої кориці, розділені
- ¼ склянки білого цукру
- 1 столова ложка вершкового масла, нарізаного невеликими шматочками

Напрямки

a) Розігрійте духовку до 350 градусів F (175 градусів C).

b) Помістіть 1/2 склянки вершкового масла у важку чавунну сковороду та розтопіть масло в духовці. видалити сковороду і посипати коричневим цукром; поверніться в духовку, щоб нагрітися, поки ви підготувати яблука.

c) Зніміть сковороду та покладіть 1 охолоджену корж для пирога на коричневий цукор. Топ корж для пирога з половиною нарізаних яблук.

d) Посипте яблука 1/2 склянки цукру і 1 чайна ложка кориці; поверх яблук покладіть другу корж для пирога; зверху другий корж з рештою яблук і посипте 1/2 склянки цукру та 1 чайною ложкою кориці.

e) Зверху третій корж; посипте верхню скоринку 1/4 склянки цукру та поставте 1 ложка вершкового масла. Виріжте 4 надрізи на верхньому коржі для пари.

f) Випікайте в попередньо розігрітій духовці, поки яблука не стануть м'якими і не придбають рум'яну скоринку, приблизно 45 хвилин. Подавати теплим.

30. Чорничний пиріг з ревенем

Робить: 7 порцій

ІНГРЕДІЄНТИ:
НАЧИНКА ПИРОГА:
- 4 склянки нарізаного свіжого ревеню
- 2 склянки свіжої чорниці
- 2 столові ложки розтопленого масла
- 1-⅓ склянки білого цукру
- ⅔ склянки чотири

КРАМБЛ ТОП:
- ½ склянки (1 паличка) розтопленого масла
- 1 стакан борошна
- 1 стакан вівса
- 1 чашка пресованого коричневого цукру
- 1 чайна ложка кориці

ІНСТРУКЦІЇ:
НАЧИНКА ПИРОГА:
a) Збризніть спреєм дно форми для пирога діаметром 9 дюймів.
b) Вистеліть деко коржом для пирога. Якщо ви робите кришкову верхівку, загладьте краї скоринки перед начинкою.
c) Рівномірно насипте ¼ склянки борошна на дно коржа для пирога перед тим, як додати начинку.
d) З'єднайте всю начинку для **ПИРОГА** .

КРАМБЛ ТОП:
e) З'єднайте всі інгредієнти до тих пір, поки вони добре не перемішаються і не стануть крихтою.

ВИПІЧКА:
f) Додайте крихту до начинки пирога, рівномірно розподіливши. Якщо ви використовуєте корж для пирога, викладіть його на всю начинку та притисніть краї верхнього коржа до нижнього коржа, загнувши краї. Зробіть прорізи на верхньому коржі, щоб пиріг пропарився. Збризніть

верхню скоринку спреєм для сковороди та добре посипте 5 столовими ложками цукру.

g) Накрийте фольгою та випікайте при 350 градусах протягом 1 години (менше, якщо використовуєте духовку з конвекцією)

h) Перед подачею дайте пирогу повністю охолонути.

31. <u>Яблучний пиріг</u>

Робить: 7 порцій

ІНГРЕДІЄНТИ:
НАЧИНКА ПИРОГА:
- 8 яблук Гренні Сміт, очищених і нарізаних (7 яблук, якщо яблука дуже великі)
- 2 столові ложки розтопленого масла
- ⅔ склянки борошна
- 1 стакан білого цукру
- 1 чайна ложка кориці

КРАМБЛ ТОП:
- ½ склянки (1 паличка) розтопленого масла
- 1 стакан борошна
- 1 стакан вівса
- 1 чашка пресованого коричневого цукру
- 1 чайна ложка кориці

ІНСТРУКЦІЇ:
НАЧИНКА ПИРОГА:
a) Збризніть спреєм дно форми для пирога діаметром 9 дюймів.
b) Вистеліть деко коржом для пирога. Якщо ви робите кришкову верхівку, загладьте краї скоринки перед начинкою.
c) Рівномірно насипте ¼ склянки борошна на дно коржа для пирога перед тим, як додати начинку.
d) З'єднайте всю начинку для **ПИРОГА** . Пиріг вийде досить великий.

КРАМБЛ ТОП:
e) З'єднайте всі інгредієнти до тих пір, поки вони добре не перемішаються і не стануть крихтою.

ВИПІЧКА:
f) Додайте крихту до начинки пирога, рівномірно розподіливши. Якщо ви використовуєте корж для пирога, викладіть його на всю начинку та притисніть краї верхнього коржа до нижнього коржа, загнувши краї.

g) Зробіть прорізи на верхньому коржі, щоб пиріг пропарився. Збризніть верхню скоринку спреєм для сковороди та добре посипте 5 столовими ложками цукру.

h) Накрийте фольгою та випікайте при 350 градусах 1 годину (менше, якщо використовуєте конвекційну піч)

i) Перед подачею дайте пирогу повністю охолонути.

32. <u>Легкий кокосовий пиріг без глютену</u>

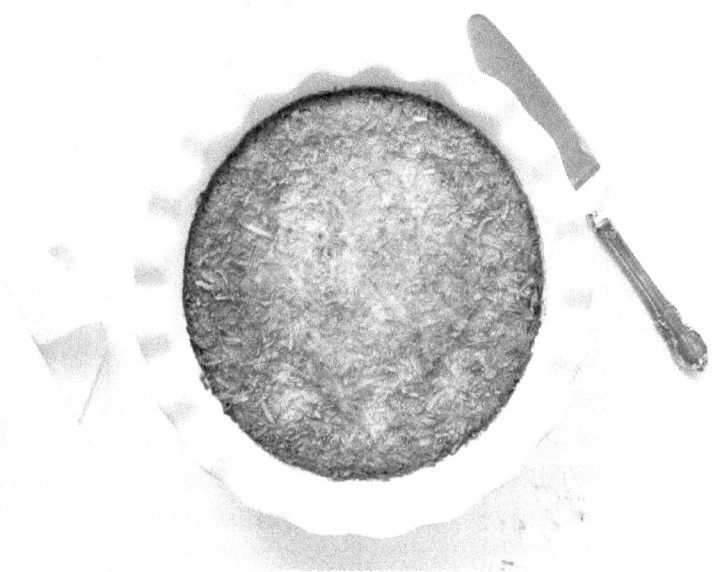

Робить: 6-8

ІНГРЕДІЄНТИ:
- 1 чайна ложка ванільного екстракту
- 2 яйця
- 1 1/2 склянки молока
- 1/2 склянки Monk Fruit
- 1/2 склянки кокосового борошна
- 1/4 склянки вершкового масла
- 1 чашка тертого кокоса

ІНСТРУКЦІЇ:
a) З'єднайте всі **ІНГРЕДІЄНТИ:** щоб зробити тісто.
b) Змастіть тарілку для пирога антипригарним спреєм і наповніть її тістом.
c) Готуйте у фритюрниці при 350 градусах 12 хвилин.

33.   Грейпфрутовий пиріг

ГОТУЄ 1 (10 ДЮЙМОВ) ПИРОГ; НА 8-10 ПОРЦІЙ

ІНГРЕДІЄНТИ:
- 1 порція незапеченого Ritz Crunch
- 1 порція грейпфрутового сиру
- 1 порція солодкого згущеного грейпфрута

Напрямки
a) Розігрійте духовку до 275°F.
b) Видавіть хрускіт Ritz у 10-дюймову форму для пирога. Використовуючи пальці та долоні, міцно притисніть кранч, стежачи за тим, щоб рівномірно та повністю покрили дно та боки.
c) Поставте форму на деко і запікайте 20 хвилин. Скоринка Ritz має бути трохи більш золотисто-коричневою та трохи глибшою, ніж суха, з якої ви почали. Корж повністю остудити; загорнувши в поліетилен, скоринку можна заморозити до 2 тижнів.
d) За допомогою ложки або офсетної лопатки рівномірно розподіліть грейпфрутовий сирок по дну скоринки Ritz. Поставте пиріг у морозилку, щоб сирна маса затверділа, приблизно на 30 хвилин.
e) За допомогою ложки або офсетної лопатки розподіліть підсолоджений згущений грейпфрут поверх сирної маси, обережно, щоб не змішати два шари та переконавшись, що сир повністю покритий. Поверніть у морозилку, поки не будете готові нарізати та подавати.

34. Журавлинний пиріг

Робить : 8 порцій

ІНГРЕДІЄНТИ:
- 2 коржа для пирога
- 1 упаковка желатин; смак апельсина
- ¾ склянки Окріп
- ½ склянки апельсиновий сік
- 1 банка (8 унцій) заливного журавлинного соусу
- 1 чайна ложка Терта цедра апельсина
- 1 стакан Холодний Напів-Напів або молоко
- 1 упаковка Розчинний пудинг желе зі смаком французької ванілі або ванілі
- 1 стакан Збитий топінг Cool Whip
- Журавлина глазурована

ІНСТРУКЦІЇ:
a) Розігрійте духовку до 450°F
b) ДОВЕДІТЬ желатин до кипіння і розчиніть його. Влити апельсиновий сік. Поставте миску у більшу миску для льоду та води. Залиште на 5 хвилин, регулярно помішуючи, поки желатин трохи не загусне.
c) Додайте журавлинний соус і цедру апельсина і перемішайте. Наповніть корж пирога начинкою. Охолодіть приблизно 30 хвилин або поки не застигне.
d) У середню миску налийте наполовину. Додайте суміш для начинки пирога. Збивайте до повного змішування.
e) Відставте на 2 хвилини або поки соус дещо не загусне. Нарешті, додайте збиту начинку.
f) Акуратно змастіть желатиновою сумішшю зверху. Охолоджуйте протягом 2 годин або до застигання.

35. Пиріг з персиковою крихтою

Робить 8 порцій

ІНГРЕДІЄНТИ:

- 11/4 склянки борошна універсального призначення
- 1/4 чайної ложки солі
- 1/2 чайної ложки цукру
- 1/2 склянки веганського маргарину, нарізаного невеликими шматочками
- 2 столові ложки холодної води, плюс більше, якщо потрібно
- стиглих персиків, очищених від шкірки, кісточок і нарізаних шматочками
- 1 чайна ложка веганського маргарину
- 2 столові ложки цукру
- 1/2 чайної ложки меленої кориці

Топінг

- ¾ склянки старомодного вівса
- 1/3 склянки веганського розм'якшеного маргарину
- 2 столові ложки цукру
- 1 чайна ложка меленої кориці
- 1/4 чайної ложки солі

ІНСТРУКЦІЇ:

a) Зробіть корж: у великій мисці змішайте борошно, сіль і цукор. Використовуйте кондитерський блендер або виделку, щоб нарізати маргарин, поки суміш не стане схожою на грубі крихти. Потроху додавайте воду і перемішуйте, доки тісто не почне триматися разом.

b) Розкачати тісто в диск і загорнути в поліетиленову плівку. Поставте в холодильник на 30 хвилин, поки будете готувати начинку.

c) Розігрійте духовку до 425°F. Розкачайте тісто на злегка присипаній борошном робочій поверхні приблизно до 10 дюймів у діаметрі. Помістіть тісто в 9-дюймову тарілку для пирога, обріжте та загніть краї. Розкладіть скибочки персика в коржі. Змастити маргарином і посипати цукром і корицею. Відкласти.

d) Зробіть начинку: у середній мисці змішайте овес, маргарин, цукор, корицю та сіль. Добре перемішайте і посипте зверху фрукти.

e) Випікайте, поки фрукти не стануть пухирчастими, а скоринка не стане золотисто-коричневою, приблизно 40 хвилин. Вийміть з духовки і трохи охолодіть, 15-20 хвилин. Подавати теплим.

36. Полуничний хмарний пиріг

Робить 8 порцій

ІНГРЕДІЄНТИ:
СКОРИНА
- 1 1/4 склянки борошна універсального призначення
- 1/4 чайної ложки солі
- 1/2 чайної ложки цукру
- 1/2 склянки веганського маргарину, нарізаного невеликими шматочками
- 3 столові ложки крижаної води

НАПОВНЕННЯ
- 1 пакет (12 унцій) твердого шовкового тофу, зцідженого та віджатого
- 3/4 склянки цукру
- 1 чайна ложка чистого екстракту ванілі
- 2 склянки нарізаної свіжої полуниці
- 1/2 склянки полуничного варення
- 1 столову ложку кукурудзяного крохмалю розчинити в 2 столових ложках води

ІНСТРУКЦІЇ:
a) Зробіть корж: у кухонному комбайні змішайте борошно, сіль і цукор і подрібніть. Додайте маргарин і обробляйте до крихти.
b) На працюючій машині влийте воду та замісіть м'яке тісто. Не перемішуйте. Розкачати тісто в диск і загорнути в поліетиленову плівку.
c) Поставте в холодильник на 30 хвилин. Розігрійте духовку до 400°F.
d) Розкачайте тісто на злегка присипаній борошном робочій поверхні приблизно до 10 дюймів у діаметрі. Помістіть тісто в 9-дюймову тарілку для пирога. Обріжте та обробіть краю. Виделкою проколіть отвори в нижній частині тіста. Випікайте 10 хвилин, потім вийміть з духовки і відкладіть. Зменшіть температуру духовки до 350°F.

e) Приготуйте начинку: у блендері або кухонному комбайні з'єднайте тофу, цукор і ваніль і перемішайте до однорідності. Вилийте в підготовлений корж.

f) Випікати 30 хв. Вийміть з духовки та відставте остигати на 30 хвилин.

g) Розкладіть нарізану полуницю поверх пирога декоративним малюнком, щоб покрити всю поверхню. Відкласти.

h) Подрібніть консерви в блендері або кухонному комбайні та перемістіть у невелику каструлю на середньому вогні. Додайте суміш кукурудзяного крохмалю та продовжуйте помішувати, поки суміш не загусне.

i) Покрийте пиріг полуничною глазур'ю. Охолодіть пиріг принаймні за 1 годину перед подачею, щоб охолола начинка та затверділа глазур.

37.   Піріг зі свіжих фруктів без випічки

Робить 8 порцій

ІНГРЕДІЄНТИ:
- 11/2 чашки веганських крихт вівсяного печива
- 1/4 склянки веганського маргарину
- 1 фунт твердого тофу, добре дренованого та віджатого (див. Тофу)
- ¾ склянки цукру
- 1 чайна ложка чистого екстракту ванілі
- 1 стиглий персик, очищений від кісточок і нарізаний скибочками 1/4 дюйма
- 2 стиглі сливи, очищені від кісточок і нарізані скибочками по 1/4 дюйма
- 1/4 склянки персикового варення
- 1 чайна ложка свіжого лему на соку

ІНСТРУКЦІЇ:
a) Змастіть 9-дюймову тарілку для пирога і відкладіть. У кухонному комбайні з'єднайте крихти з розтопленим маргарином і обробляйте, поки крихти не стануть зволоженими.
b) Видавіть суміш крихти на підготовлену тарілку для пирога. Поставте в холодильник, поки не знадобиться.
c) У кухонному комбайні з'єднайте тофу, цукор і ваніль і обробіть до однорідності. Викладіть суміш тофу в охолоджену корж і поставте в холодильник на 1 годину.
d) Викладіть фрукти декоративно поверх суміші тофу. Відкласти.
e) У невеликій жароміцній мисці змішайте консерви та лимонний сік і розігрійте в мікрохвильовці, поки вони не розтануть, приблизно 5 секунд. Перемішайте і посипте фрукти.
f) Охолодіть пиріг принаймні на 1 годину перед подачею, щоб охолола начинка та затверділа глазур.

38. Баново-манговий пиріг

Робить 6 порцій

ІНГРЕДІЄНТИ:
- 1 1⁄2 чашки веганських крихт ванільного печива
- 1⁄4 склянки веганського маргарину, розтопленого
- 1 склянка соку манго
- 1 столова ложка пластівців агару
- 1⁄4 склянки нектару агави
- стиглих бананів, очищених і нарізаних шматочками
- 1 чайна ложка свіжого лимонного соку
- 1 свіже стигле манго, очищене від шкірки, без кісточок і тонко нарізане

ІНСТРУКЦІЇ:
a) Змастіть дно та боки 8-дюймової тарілки для пирога. Покладіть крихти печива та розтоплений маргарин на дно тарілки для пирога та перемішайте виделкою, доки крихти не стануть зволоженими. Натисніть на дно та боки підготовленої тарілки для пирога. Поставте в холодильник, поки не знадобиться.

b) Змішайте сік і пластівці агару в маленькій каструлі. Дайте йому постояти 10 хвилин, щоб розм'якшити. Додайте нектар агави і доведіть суміш до кипіння. Зменшіть вогонь до кипіння і помішуйте, поки не розчиниться, приблизно 3 хвилини.

c) Помістіть банани в кухонний комбайн і обробіть до однорідності. Додайте суміш агару та лимонний сік і обробляйте до однорідної та добре змішаної маси. Використовуйте гумовий шпатель, щоб зішкребти начинку в підготовлений корж. Поставте в холодильник на 2 години або довше, щоб охолонути та налаштувати.

d) Безпосередньо перед подачею розкладіть скибочки манго по колу на вершині пирога.

39. Полуничний кремовий пиріг

ЗАПОВНЯЄ 1 ПИРОГ

ІНГРЕДІЄНТИ:
- 1 рецепт Базовий пиріг
- 2 рецепти збитого крему з кешью
- 2 склянки розрізаної навпіл полуниці
- 2 столові ложки сиропу агави

ІНСТРУКЦІЇ:
a) Викладіть збиті вершки на пиріг одним рівним шаром.
b) Змішайте половинки полуниці в сиропі агави, потім викладіть полуницю нарізаною стороною вниз на крем.
c) Зберігається 2-3 дні в холодильнику.

40. <u>Яблучний пиріг безе</u>

Робить : 6 порцій

ІНГРЕДІЄНТИ:

- по 1 кожному 9- дюймова неспечена оболонка для пирога
- 2 склянки Терте яблуко
- ½ склянки цукор
- 3 столові ложки Вершкове масло
- 1 столова ложка Лимонний сік
- 3 кожен Яйця, розділені
- ½ чайної ложки кориця
- ½ чайної ложки мускатний горіх
- ¼ склянки Кондитери цукру
- 1 чайна ложка Ваніль

ІНСТРУКЦІЇ:

a) Рівномірно розподіліть яблука по дну коржі пирога. В окремій мисці додайте цукор і масло. Змішайте лимонний сік і 3 збитих жовтки.

b) Полийте яблуком. Посипте корицею та мускатним горіхом. Випікайте в розігрітій до 350 градусів духовці 40-45 хвилин. Яєчні білки збийте до утворення піків.

c) Поступово додайте цукрову пудру та ваніль, збиваючи, поки безе не стане густим. Викладіть поверх пирога. Поверніться в духовку. Зменшіть температуру до 325 градусів.

d) Випікайте ще 5-10 хвилин, поки безе не підрум'яниться.

41. Яблучний пиріг з чеддером

Робить : 8 порцій

ІНГРЕДІЄНТИ:

- по 1 кожному 9- дюймова неспечена оболонка для пирога
- ½ склянки Небілене борошно
- ⅓ склянки цукор
- 1½ фунта Приготування яблук;
- 6 унцій Чеддер, подрібнений, 1 1/2 С
- 4 чайні ложки Небілене борошно
- ⅓ склянки Коричневий цукор; Міцно упакований
- ½ чайної ложки кориця; Земля
- ¼ чайної ложки мускатний горіх; Земля
- 5 столових ложок Вершкове масло
- 1 столова ложка Лимонний сік; Свіжий

ІНСТРУКЦІЇ:

a) Виріжте серцевину, очистіть і тонко подрібніть
b) Зробіть високий бортик навколо коржа для пирога. З'єднайте всі сухі інгредієнти в топінг і наріжте вершкове масло до стану крихти. Відкласти. Змішайте яблука та лимонний сік, додайте сир, борошно та мускатний горіх, перемішайте та добре перемішайте.
c) Викладіть яблука в корж і посипте зверху. Випікайте в попередньо розігрітій до 375 градусів F. духовці 40-50 хвилин. За бажанням подавайте теплим з ванільним морозивом.

ВЕГІ ПИРОГИ

42. Ревінь з макарунами

Робить: 4 порції

ІНГРЕДІЄНТИ:
- 4 чашки нарізаного свіжого або замороженого ревеню (шматочки розміром 1 дюйм)
- 1 велике яблуко, очищене і нарізане шматочками
- 1/2 склянки фасованого коричневого цукру
- 1/2 чайної ложки меленої кориці, розділеної
- 1 столова ложка кукурудзяного крохмалю
- 2 столові ложки холодної води
- 8 макарунів, подрібнених
- 1 столова ложка вершкового масла, розтопленого
- 2 столові ложки цукру
- Ванільне морозиво, за бажанням

Напрямки

a) У великій чавунній або іншій жароміцній сковороді змішайте ревінь, яблуко, коричневий цукор і 1/4 чайної ложки кориці; доведіть до кипіння. Зменшити тепло; накрийте кришкою і тушкуйте, поки ревінь не стане дуже м'яким, 10-13 хвилин.

b) Змішайте кукурудзяний крохмаль і воду до однорідності; поступово додати до фруктової суміші. Довести до кипіння; варіть і помішуйте до загустіння, приблизно 2 хвилини.

c) У невеликій мисці змішайте подрібнене печиво, масло, цукор і решту кориці. Посипати фруктовою сумішшю.

d) Смажте 4 дюйми від вогню до легкої рум'яності, 3-5 хвилин. За бажанням подавайте теплим з морозивом.

43. Шахтарський пиріг

Робить: 6 шахтарських пирогів

ІНГРЕДІЄНТИ:
ДЛЯ ПИРОГА:
- 5 чашок нарізаної селери (півмісяця)
- 8 склянок нарізаної моркви
- 2 склянки нарізаної кубиками цибулі
- 3 столові ложки подрібненого свіжого розмарину
- 2 столові ложки подрібненого часнику
- 2 столові ложки чебрецю
- 2 столові ложки орегано
- 4 чашки міцного пива
- 3 склянки яловичого бульйону
- 10 фунтів яловичого фаршу

ДЛЯ ПЮРЕ:
- 1 пакетик пюре
- 1 паличка (½ склянки) вершкового масла
- ¼ склянки сметани
- 1 столова ложка меленого хрону

ІНСТРУКЦІЇ:
ДЛЯ ПИРОГА:
a) Накрийте дно великої каструлі олією.
b) Додайте часник, цибулю, моркву, селеру, спеції.
c) Додайте стаут і яловичий бульйон. Доведіть до кипіння та зменшіть до кипіння. Дати гаситися, поки овочі трохи не розм'якшаться.
d) Додайте яловичий фарш, часто помішуючи. Дайте гаситися, поки яловичина повністю не звариться. Приправте за смаком.

ДЛЯ ПЮРЕ:
a) У сотейнику розтопити вершкове масло. Додайте картоплю.
b) Додати сметану і хрін.
c) Перемішуйте, поки не нагріється і не стане густішим.
d) Додайте начинку для пирога в 6 квадратних мисок.

e) Зверху поливаємо пюре. Ви можете помістити горщики в кондитерський мішок і закріпити його зверху.

44.   Пиріг з ревенем

Робить: 7 порцій

ІНГРЕДІЄНТИ:
НАЧИНКА ПИРОГА:
- 8 яблук Гренні Сміт, очищених і нарізаних (7 яблук, якщо яблука дуже великі)
- 2 столові ложки розтопленого масла
- ⅔ склянки борошна
- 1 стакан білого цукру
- 1 чайна ложка кориці

КРАМБЛ ТОП:
- ½ склянки (1 паличка) розтопленого масла
- 1 стакан борошна
- 1 стакан вівса
- 1 чашка пресованого коричневого цукру
- 1 чайна ложка кориці

ІНСТРУКЦІЇ:
НАЧИНКА ПИРОГА:
a) Збризніть спреєм дно форми для пирога діаметром 9 дюймів.
b) Вистеліть деко коржом для пирога. Якщо ви робите кришкову верхівку, загладьте краї скоринки перед начинкою.
c) Рівномірно насипте ¼ склянки борошна на дно коржа для пирога перед тим, як додати начинку.
d) З'єднайте всю начинку для **ПИРОГА** . Пиріг вийде досить великий.

КРАМБЛ ТОП:
e) З'єднайте всі інгредієнти до тих пір, поки вони добре не перемішаються і не стануть крихтою.

ВИПІЧКА:
f) Додайте крихту до начинки пирога, рівномірно розподіливши. Якщо ви використовуєте корж для пирога, викладіть його на всю начинку та притисніть краї верхнього коржа до нижнього коржа, загнувши краї.

g) Зробіть прорізи на верхньому коржі, щоб пиріг пропарився. Збризніть верхню скоринку спреєм для сковороди та добре посипте 5 столовими ложками цукру.

h) Накрийте фольгою та випікайте при 350 градусах 1 годину (менше, якщо використовуєте конвекційну піч)

a) Перед подачею дайте пирогу повністю охолонути.

45. <u>Солодкий картопляний пиріг</u>

Готує: 2 солодких картопляних пирога
Загальний час підготовки/приготування: 1 година 5 хвилин

ІНГРЕДІЄНТИ:

- 2 батати середнього розміру
- 1 ¼ склянки цукру
- 1 ½ шматка вершкового масла
- 4-5 яєць плюс 1 яйце
- 1 ½ столової ложки екстракту ванілі
- 1 столова ложка екстракту лимона
- 1 чайна ложка мускатного горіха
- 1 чайна ложка кориці
- 2 глибокі коржі для пирога

ІНСТРУКЦІЯ

a) Збийте солодку картоплю, цукор, масло та яйця (по 2 яйця за раз) протягом 1 хвилини.
b) Додайте екстракт ванілі, екстракт лимона, мускатний горіх і корицю.
c) Добре збити 3-4 хвилини
d) Перекладіть тісто на 2 глибокі коржі для пирога
e) Картопляна суміш має виглядати як тісто для торта, а смакувати як морозиво.
f) Випікайте в розігрітій до 350 градусів духовці від 55 до 60 хвилин.
g) Насолоджуйтесь!

46. Гарбузовий пиріг

Робить : 8 порцій

ІНГРЕДІЄНТИ:
- 1 банка (30 унцій) суміші для гарбузового пирога
- 2/3 склянки згущеного молока
- 2 великих яйця, збитих
- 1 неспечена 9-дюймова оболонка для пирога

ІНСТРУКЦІЇ:
a) Розігрійте духовку до 425 градусів за Фаренгейтом.
b) У великій мисці змішайте суміш для гарбузового пирога, згущене молоко та яйця.
c) Вилийте начинку в корж для пирога.
d) Запікати 15 хвилин у духовці.
e) Підніміть температуру до 350°F і випікайте ще 50 хвилин.
f) Злегка струсіть, щоб перевірити, чи повністю він пропечений.
g) Остудіть 2 години на решітці.

47. Південний солодкий картопляний пиріг

Робить : 10 порцій

ІНГРЕДІЄНТИ:
- 2 склянки очищеної вареної солодкої картоплі
- ¼ склянки розтопленого масла
- 2 яйця
- 1 стакан цукру
- 2 столові ложки бурбону
- 1/4 чайної ложки солі
- 1/4 чайної ложки меленої кориці
- 1/4 чайної ложки меленого імбиру
- 1 стакан молока

ІНСТРУКЦІЇ:
a) Розігрійте духовку до 350 градусів за Фаренгейтом.
b) За винятком молока, повністю змішайте всі ІНГРЕДІЄНТИ : в електричному міксері.
c) Додайте молоко і продовжуйте помішувати, коли все повністю з'єднається.
d) Вилийте начинку в корпус пирога і випікайте 35–45 хвилин або доки ніж, вставлений у центр, не вийде чистим.
e) Вийміть із холодильника та дайте охолонути до кімнатної температури перед подачею.

48. Італійський пиріг з артишоками

Робить: 8 порцій

Інгредієнт
- 3 яйця; Побитий
- 1 3 унції вершкового сиру з зеленою цибулею; Пом'якшені
- ¾ чайної ложки Часниковий порошок
- ¼ чайної ложки перець
- 1½ склянки сир моцарела, частина знежиреного молока; Подрібнений
- 1 стакан Сир Рікотта
- ½ склянки майонез
- 1 Серця з артишоку 14 унцій; Осушений
- ½ Консервована квасоля гарбанцо 15 унцій; Промити і злити воду
- 1 2 1/4 унції банки нарізаних маслин; Осушений
- 1 2 унції Jar Pimientos; Нарізані кубиками та зціджені
- 2 столові ложки петрушка; Обрізаний
- 1 Корж для пирога (9 дюймів); Недопечений
- 2 маленьких помідор; Нарізані

ІНСТРУКЦІЇ:
a) Змішайте яйця, вершковий сир, часниковий порошок і перець у великій мисці. Змішайте 1 склянку сиру моцарела, сир рікотта та майонез у мисці.
b) Перемішуйте, доки все добре не перемішається.
c) Розріжте 2 серця артишоку навпіл і відкладіть. Решту сердечок порубати.
d) Змішайте сирну суміш з нарізаними сердечками, квасолею гарбанцо, оливками, пім'єнтос і петрушкою. Наповніть тісто сумішшю.
e) Випікати 30 хвилин при 350 градусах. Зверху слід посипати сиром моцарелла і пармезан, що залишилися.
f) Випікайте ще 15 хвилин або до готовності.
g) Залишити відпочити на 10 хвилин.
h) Зверху розкладіть скибочки помідорів і нарізані на четвертинки серця артишоку.

i) Подавайте

49. Сільський домашній пиріг

Від 4 до 6 порцій

ІНГРЕДІЄНТИ:
- Картопля Yukon Gold, очищена і нарізана кубиками
- 2 столові ложки веганського маргарину
- 1/4 склянки простого несолодкого соєвого молока
- Сіль і свіжомелений чорний перець
- 1 столова ложка оливкової олії
- 1 середня жовта цибулина, дрібно нарізана
- 1 середня морква, дрібно нарізана
- 1 реберце селери, дрібно нарізане
- 12 унцій сейти , дрібно нарізаної
- 1 стакан замороженого горошку
- 1 склянка заморожених зерен кукурудзи
- 1 чайна ложка сушеного чаберу
- 1/2 чайної ложки сушеного чебрецю

Напрямки
a) У каструлі з киплячою підсоленою водою варіть картоплю до готовності 15-20 хвилин.
b) Добре процідіть і поверніть у каструлю. Додайте маргарин, соєве молоко, сіль і перець за смаком.
c) Грубо подрібніть картопледавкою і відставте. Розігрійте духовку до 350°F.
d) У великій сковороді розігрійте олію на середньому вогні. Додайте цибулю, моркву та селеру.
e) Накрийте кришкою та готуйте до готовності приблизно 10 хвилин. Перекладіть овочі в форму для запікання 9 х 13 дюймів. Додайте сейтан, грибний соус, горошок, кукурудзу, чабер і чебрець.
f) Приправте сіллю та перцем за смаком і рівномірно розподіліть суміш у формі для запікання.
g) Зверху викладіть картопляне пюре, розподіливши до країв форми для запікання. Випікайте, поки картопля не підрум'яниться, а начинка не стане пухирчастою, приблизно 45 хвилин.

h) Подавайте негайно.

50. <u>Пиріг з куркою, цибулею-пореєм і грибами</u>

Робить: 6

ІНГРЕДІЄНТИ:
- 1 шт. пісочного тіста, охолодженого
- безглютенової звичайної (універсальної) суміші борошна для розкачування тіста
- 250 г (2½ склянки) подрібненого фенхелю
- 2 середніх цибулі-порею, порізані
- 240 г (2 склянки) грибів
- 240 мл (1 чашка) білого вина
- 240 мл (1 склянка) молока
- 120 мл (½ склянки) свіжого крему
- 4 столові ложки кукурудзяного борошна/кукурудзяного крохмалю
- 700 г (1½ фунта) курячих грудок
- ½ чайної ложки свіжомеленого чорного перцю
- ¼ чайної ложки морської (кошерної) солі
- 2 чайні ложки сушених прованських трав
- 2 чайні ложки оливкової олії

ІНСТРУКЦІЇ:
a) Наріжте цибулю-порей, промийте її та ретельно обсушіть. Фенхель наріжте кубиками, а гриби – пластинками.
b) Розігрійте 1 чайну ложку оливкової олії в сковороді на середньому вогні та додайте цибулю-порей і фенхель. Варити 5 хв.
c) Додайте гриби і продовжуйте обсмажувати до золотистого кольору. Перекладіть на тарілку/миску, поки ви готуєте курку. Наріжте курку невеликими шматочками.
d) Розігрійте решту 1 чайну ложку оливкової олії в сковороді на середньому вогні та обсмажте шматочки курки порціями до золотистого кольору.
e) Перекладіть готові порції в ту саму миску, що й пасеровані овочі. Коли вся курка звариться, поверніть курку/овочі в сковорідку і залийте білим вином.

f) Приправте сіллю, перцем і додайте сушені трави. Довести до кипіння і тушкувати на маленькому вогні 10 хв.

g) Розчиніть кукурудзяне борошно/кукурудзяний крохмаль у молоці та перемішайте в сковорідку. Продовжуйте помішувати на сковороді, поки соус не загусне. Зніміть з вогню і відставте в одну сторону.

h) Розігрійте духовку до 170С з вентилятором, 375F, Gas Mark 5.

i) Візьміть охолоджене тісто і розкачайте між двома добре присипаними борошном листами промасленого паперу у форму, трохи більшу за форму для пирога.

j) Додайте Crème Fresh у курячу суміш і вилийте її у форму для пирога. Все ще в промасленому папері, переверніть тісто на іншу сторону та зніміть лист, який тепер є найвищим.

k) Використовуйте залишки промасленого паперу, щоб допомогти вам перекласти тісто на форму для пирога. Обріжте краї та обіжміть двома пальцями та великим.

l) Якщо ви відчуваєте себе артистичним, знову розкачайте будь-які обрізки тіста та виріжте 4 форми листків для прикраси.

m) Змастіть верхню частину пирога сумішшю яєць/молока, що залишилася від приготування тіста, виріжте невеликий хрестик посередині та прикрасьте формочками з тіста.

n) Змастіть їх також яєчним розчином. Викладіть на деко і відправте в духовку.

o) Випікайте 45 хвилин, поки скоринка пирога не стане золотисто-коричневою, а начинка не стане гарячою.

51. Гарбузовий пиріг з ноткою рому

Робить 8 порцій

ІНГРЕДІЄНТИ:

скоринка
- 11/4 склянки борошна універсального призначення
- 1/4 чайної ложки солі
- 1/2 чайної ложки цукру
- 1/2 склянки веганського маргарину, нарізаного невеликими шматочками
- 3 столові ложки крижаної води, плюс більше, якщо потрібно

Наповнення
- 1 (16 унцій) тверда упаковка гарбуза
- 1 упаковка (12 унцій) надзвичайно твердого шовкового тофу, зцідженого та висушеного
- 1 стакан цукру
- Готова суміш для заміни яєць на 2 яйця (див. Веганську випічку)
- 1 столова ложка темного рому
- 1 столова ложка кукурудзяного крохмалю
- 2 чайні ложки меленої кориці
- 1/2 чайної ложки меленого запашного перцю
- 1/2 чайної ложки меленого імбиру
- 1/2 чайної ложки меленого мускатного горіха

ІНСТРУКЦІЇ:

a) У середній мисці змішайте борошно, сіль і цукор. Використовуйте кондитерський блендер або виделку, щоб нарізати маргарин, поки суміш не стане схожою на грубі крихти. Потроху додавайте воду і перемішуйте, доки тісто не почне триматися разом. Розрівняйте тісто в круглий диск і загорніть його в пластикову плівку. Поставте в холодильник на 30 хвилин, поки будете готувати начинку.

b) У кухонному комбайні з'єднайте гарбуз і тофу, поки вони добре не перемішаться. Додайте цукор, замінник яєць, кленовий сироп, ром, кукурудзяний крохмаль, корицю, духмяний перець, імбир і мускатний горіх, перемішайте до отримання однорідної маси.

c) Розігрійте духовку до 400°F. Розкачайте тісто на злегка присипаній борошном робочій поверхні приблизно до 10 дюймів у діаметрі. Покладіть тісто на 9-дюймову тарілку для пирога, обріжте та загладьте краї.

d) Вилийте начинку в корж. Випікайте 15 хвилин, потім зменшіть температуру духовки до 350°F і випікайте ще 30-45 хвилин або поки начинка не застигне. Дайте охолонути до кімнатної температури на решітці, потім охолодіть у холодильнику на 4 години або довше.

52. <u>Пиріг із зелених помідорів</u>

Робить: 6 порцій

ІНГРЕДІЄНТИ:
Тісто для подвійного тіста
½ склянки цукру
2 чайні ложки борошна
1 лимон; тертої шкірки
¼ чайної ложки меленого запашного перцю
¼ чайної ложки солі
4 склянки зелених помідорів: очистити від шкірки, нарізати
шматочками
1 чайна ложка лимонного соку
3 чайні ложки вершкового масла

ІНСТРУКЦІЇ:
a) Вистеліть тістом форму для пирога. Змішайте цукор,
   борошно, лимонну цедру, запашний перець і сіль.
b) Посипте трохи цього на дно форми пирога.
c) Розкладіть скибочки помідорів по одному шару,
   покриваючи кожен шар цукровою сумішшю, лимонним
   соком і крапкою вершкового масла на кожну скибочку.
d) Продовжуйте шарувати, поки не досягнете верхньої частини
   форми для пирога.
e) Накрийте решіткою і випікайте при 350°С протягом 45
   хвилин.

53. Спаржевий пиріг

Робить: 6 порцій

ІНГРЕДІЄНТИ:
- 1 упаковка (8 унцій) замороженої спаржі
- 1 склянка нарізаної кубиками шинки; приготований
- 1 чашка Половина
- 1 банка (4 унції) грибів; осушений
- 1 чайна ложка солі
- 3 яйця; злегка побитий
- ⅓ склянки нарізаної цибулі (за бажанням)
- 1 непечений; 9-дюймове корж для пирога

ІНСТРУКЦІЇ:
a) Відваріть спаржу і добре обсушіть. Змішайте в каструлі половину, цибулю, гриби та сіль. Тушкуйте 1 хвилину. Додайте невелику кількість гарячої суміші до яєць і добре перемішайте. Додайте до суміші на сковороді, помішуючи, щоб змішати.
b) Розкладіть відціджену спаржу та шинку в скоринці. Залити гарячою сумішшю.
c) Поверхню можна злегка посипати перцем і мускатним горіхом. Випікати при 400 15 хвилин; зменшіть вогонь до 325 і випікайте ще 20-25 хвилин або поки лезо ножа, вставлене в центр пирога, не вийде чистим.

ГОРІХОВІ ПИРОГИ

54. пиріг з пекан

Робить 8 порцій

ІНГРЕДІЄНТИ:

скоринка

- 11⁄4 склянки борошна універсального призначення
- 1⁄4 чайної ложки солі
- 1⁄2 чайної ложки цукру
- 1⁄2 склянки веганського маргарину, нарізаного невеликими шматочками
- ложки крижаної води, плюс більше, якщо потрібно

Наповнення

- 2 столові ложки кукурудзяного крохмалю
- 1 стакан води
- 1⁄4 склянки чистого кленового сиропу
- 1⁄2 чайної ложки солі
- 2 столові ложки веганського маргарину
- 1 чайна ложка чистого екстракту ванілі
- 2 чашки несолоних половинок горіха пекан, підсмажених

ІНСТРУКЦІЇ:

a) Зробіть корж: у великій мисці змішайте борошно, сіль і цукор. Використовуйте кондитерський блендер або виделку, щоб нарізати маргарин, поки суміш не стане схожою на грубі крихти. Потроху додавайте воду і перемішуйте, доки тісто не почне триматися разом.

b) Розкачати тісто в диск і загорнути в поліетиленову плівку. Поставте в холодильник на 30 хвилин, поки ви приготуєте начинку. Розігрійте духовку до 400°F.

c) Приготуйте начинку: у маленькій мисці змішайте кукурудзяний крохмаль і 1⁄4 склянки води та відставте. У середній каструлі змішайте решту ¾ склянки води з кленовим сиропом і доведіть до кипіння на сильному вогні. Кип'ятіть 5 хвилин, потім додайте сіль і суміш кукурудзяного крохмалю, інтенсивно збиваючи. Продовжуйте помішувати і варити на сильному вогні, поки суміш не загусне і не стане прозорою. Зніміть з вогню і додайте маргарин і ваніль.

d) Розкачайте тісто на злегка присипаній борошном робочій поверхні приблизно до 10 дюймів у діаметрі. Помістіть тісто в 9-дюймову тарілку для пирога. Обріжте тісто і загладьте краї. На дні тіста проколоти виделкою отвори. Випікайте до золотистого кольору приблизно 10 хвилин, потім вийміть з духовки та відкладіть. Зменшіть температуру духовки до 350°F.

e) Коли маргарин розтопиться, вилийте начинку в попередньо випечену корж. Покладіть половину горіхів пекан у начинку, втиснувши їх у суміш, а половину, що залишилася, розмістіть на вершині пирога. Випікати 30 хв. Охолоджуйте на решітці приблизно 1 годину, потім поставте в холодильник до охолодження.

55. Пиріг з білим шоколадом і фундуком

Робить 8 порцій

ІНГРЕДІЄНТИ:
- 1/2 склянки веганських крихт з ванільного або шоколадного печива
- 1 склянка веганської стружки або шматочків білого шоколаду
- 1/4 склянки води
- 2 столові ложки франжеліко (горіховий лікер)
- 8 унцій надзвичайно твердого шовкового тофу, зцідженого
- 1/4 склянки нектару агави
- 1 чайна ложка чистого екстракту ванілі
- 1/2 склянки подрібнених підсмажених лісових горіхів для гарніру
- 1/2 склянки свіжих ягід, для прикраси

ІНСТРУКЦІЇ:
a) Змастіть маслом 8-дюймову тарілку для пирога або розпружну форму та відкладіть.
b) У кухонному комбайні з'єднайте крихти печива та маргарин і збивайте, поки крихти не стануть зволоженими.
c) Видавіть суміш крихт на дно та боки підготовленої форми. Поставте в холодильник, поки не знадобиться.
d) Білий шоколад розтоплюємо в пароварці на повільному вогні, постійно помішуючи. Відкласти.
e) У високошвидкісному блендері подрібніть кешью до стану порошку. Додайте воду та Frangelico та перемішайте до однорідності. Додайте тофу, нектар агави та ваніль і перемішайте до однорідності. Додайте розтоплений білий шоколад і обробляйте до кремоподібного стану.
f) Розкладіть суміш у підготовлену форму. Накрийте кришкою та поставте в холодильник на 3 години, поки добре не охолоне.
g) Для подачі прикрасьте товченим фундуком і свіжими ягодами.

56.   Легкий кокосовий пиріг без глютену

Загальний час: 52 хвилини

Робить: 6-8

ІНГРЕДІЄНТИ:

- 2 яйця

- 1 1/2 склянки молока

- 1/4 склянки вершкового масла

- 1 1/2 чайної ложки ванільного екстракту

- 1 склянка тертого кокоса (я використовував підсолоджений)

- 1/2 склянки Monk Fruit (або цукор, який ви бажаєте)

- 1/2 склянки кокосового борошна

ІНСТРУКЦІЇ:

a) Покрийте тарілку для пирога діаметром 6 дюймів антипригарним спреєм і наповніть її тістом. Продовжуйте виконувати ті самі інструкції, що й вище.

b) Готуйте у фритюрниці при температурі 350 градусів протягом 10–12 хвилин.

c) Перевірте пиріг на півдорозі, щоб переконатися, що він не підгорів, поверніть тарілку, скористайтеся зубочисткою, щоб перевірити готовність.

57. Б бракує вівсяного пирога з горіхами

Склад: 1 порція

ІНГРЕДІЄНТИ:

- 3 яйця, злегка збиті
- 1 стакан коричневого цукру, упакований
- ½ склянки темного кукурудзяного сиропу
- ½ склянки згущеного молока
- ½ склянки вівсяних пластівців швидкого приготування
- ½ склянки крупно подрібнених чорних волоських горіхів
- ¼ склянки (4 ст.) вершкового масла, розтопленого
- 1 чайна ложка ванілі
- сіль
- Тісто без випічки для однокоркового пирога

ІНСТРУКЦІЇ:

a) У великій мисці змішайте яйця, цукор, сироп, молоко, овес, горіхи, масло, ваніль і ⅛ чайної ложки солі, добре перемішайте.

b) Тарілка для пиріжків діаметром 9 дюймів з тістом, обробкою та гофрованим краєм. Поставте тарілку на решітку духовки та налийте начинку. Захистіть край пирога фольгою, щоб запобігти підрум'яненню. Випікайте при 350F протягом 25 хвилин. Зняти фольгу.

c) Випікайте ще приблизно 25 хвилин або до тих пір, поки верх не стане темно-золотисто-коричневим і злегка пухким.

d) Начинка повинна бути злегка м'якою, але під час охолодження затвердіє.

e) Повністю остудити.

58.   Пиріг з жолудів

Склад: 1 порція

ІНГРЕДІЄНТИ:
- 3 яєчних білка, збитих круто
- 1 чайна ложка розпушувача
- 1 чашка цукру
- 1 чайна ложка ванілі
- 20 содових крекерів
- (розбитий грубий)
- ½ склянки пекан, нарізаних

ІНСТРУКЦІЇ:
a) Збийте яєчні білки до міцної піни; додати розпушувач і збити ще.
b) Додати цукор і ваніль; бити знову.
c) Додайте крекери та пекан. Викласти на змащену маслом тарілку для пирога і випікати при 300 градусах 30 хвилин.
d) Дайте охолонути і покладіть зверху Cool Whip і нарізані пекан.

59. Вишневий пиріг з мигдальним макарунами

Робить: 6 порцій

ІНГРЕДІЄНТИ:
- 1 кожна оболонка для пирога, 9 дюймів, неспечена
- 21 унція начинки для вишневого пирога
- ½ чайної ложки кориці
- 1 чашка кокоса
- ½ чашки мигдалю, нарізаного
- ¼ склянки цукру
- ⅛ чайної ложки солі (за бажанням)
- ⅛ чайної ложки солі (за бажанням)
- 1 чайна ложка лимонного соку
- ¼ склянки молока
- 1 столова ложка вершкового масла, розтопленого
- ¼ чайної ложки екстракту мигдалю
- 1 яйце, збите

ІНСТРУКЦІЇ:
a) Розігрійте духовку до 400F. Розкачайте тісто для пирога і покладіть у форму для пирога діаметром 9 дюймів. У великій мисці змішайте начинку для пирога, корицю, сіль і лимонний сік. Злегка перемішати. Викласти ложкою у форму для пирога, вистелену коржом.
b) Випікати 20 хв.
c) Тим часом з'єднайте всі інгредієнти начинки в середній мисці та перемішайте до однорідності. Вийміть пиріг з духовки через 20 хвилин, рівномірно розподіліть начинку по поверхні та поверніть пиріг у духовку.
d) Випікайте ще 15-30 хвилин або поки скоринка та начинка не стануть золотисто-коричневими.

60. Шоколадний пиріг Амаретто

Робить: 8 порцій

ІНГРЕДІЄНТИ:
- 3 яйця
- ¾ склянки сиропу, темна кукурудза
- ½ склянки цукру
- ¼ склянки амаретто
- 2 столові ложки вершкового масла; розплавлений
- ½ чайної ложки солі
- ½ чашки Шоколадна стружка, напівсолодка
- ½ чашки мигдалю, нарізаного
- 1 корж для пирога; недопечений
- Збиті вершки або морозиво

ІНСТРУКЦІЇ:
a) Розігрійте духовку до 350 градусів. У великій мисці збийте яйця до однорідності. Додайте кукурудзяний сироп, цукор, амаретто, масло та сіль. Додати шоколадну стружку і мигдаль.
b) Вилийте в неспечену корж для пирога.
c) Випікайте від 50 до 60 хвилин, поки ніж, вставлений між центром і краєм пирога, не вийде чистим. Повністю остудити.
d) Подавайте зі збитими вершками або морозивом.

61. S nickers барний пиріг

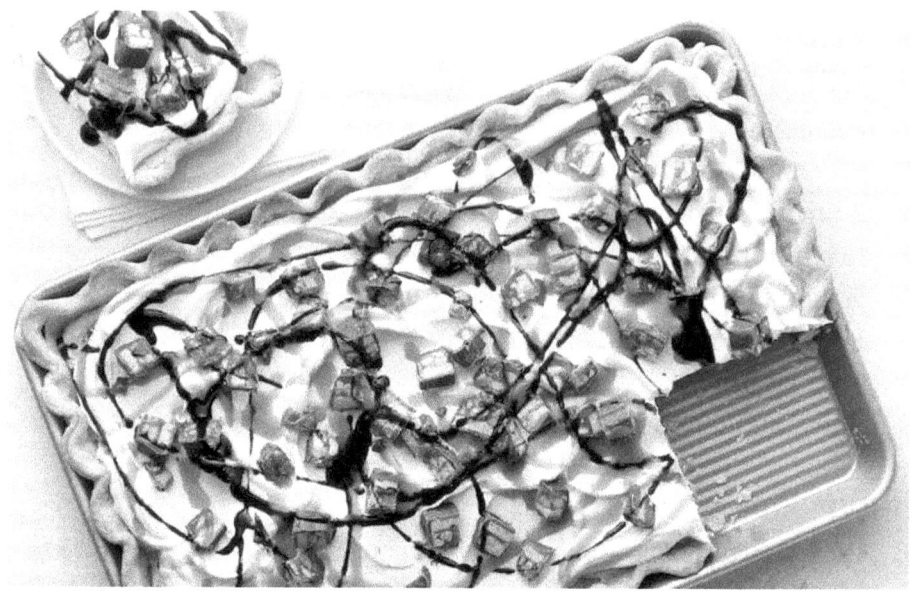

Склад: 1 порція

ІНГРЕДІЄНТИ:
- 1 (10 дюймів) оболонка для пирога, запечена
- 4 склянки молока
- 1 чашка Cool Whip
- 2 (3 3/4 унції) коробки розчинного ванільного пудингу
- 3 (3 3/4 унції) коробки розчинного шоколадного пудингу
- 3 батончики Snickers, нарізані шматочками по 1/2 дюйма
- Охолоджений збиток і арахіс для гарніру

ІНСТРУКЦІЇ:
a) Змішайте 1½ склянки молока, ванільний пудинг і ½ склянки Cool Whip.
b) Збивайте до однорідності. Скласти шматочки батончика.
c) Розкладіть у спечену оболонку для пирога.
d) Змішайте решту молока, Cool Whip і шоколадний пудинг.
e) Збити до однорідності.
f) Викласти поверх ванільного шару. Гарнір.
g) Поставте в холодильник.

62. Вишневий хрусткий пиріг

Робить: 1 пиріг

ІНГРЕДІЄНТИ:
- ½ упаковки (10 унцій) суміші для коржів для пирога
- ¼ склянки фасованого світло-коричневого цукру
- ¾ чашки смаженого орегонського фундука, подрібненого
- 1 унція тертого напівсолодкого шоколаду
- 4 чайні ложки води
- 1 чайна ложка ванілі
- 8 унцій червоної вишні мараскино
- 2 чайні ложки кукурудзяного крохмалю
- ¼ склянки води
- 1 тріска солі
- 1 столова ложка кірші (за бажанням)
- 1 літр ванільного морозива

ІНСТРУКЦІЇ:
a) Змішайте (½ упаковки) суміш для коржів для пирога з цукром, горіхами та шоколадом за допомогою кондитерського блендера. Змішайте воду з ваніллю. Посипте крихтою суміш і перемішайте до повного змішування.
b) Перетворіть на добре змащену 9-дюймову тарілку для пирога; щільно притисніть суміш до дна та боків. Випікайте в розігрітій до 375 духовці 15 хвилин.
c) Охолодити на решітці. Накрийте кришкою і залиште на кілька годин або на ніч. Злити вишню, залишивши сироп. Вишні крупно наріжте.
d) Змішайте сироп з кукурудзяним крохмалем, ¼ склянки води та сіллю в каструлі; додати вишні. Варіть на повільному рівні до прозорості. Зняти з вогню і ретельно охолодити.
e) Додати Кірш і охолодити. Ложкою викласти морозиво в корж для пирога.
f) Полийте пиріг вишневою глазур'ю і відразу подавайте.

ТРАВ'ЯНІ ТА КВІТКОВІ ПИРОГИ

63.   Шоколадно-м'ятний еспресо-пиріг

Робить від 6 до 8 порцій

ІНГРЕДІЄНТИ:
- 2 чашки веганського шоколадного печива або шоколадного бутербродного печива зі смаком м'яти
- 1 упаковка (12 унцій) веганської напівсолодкої шоколадної стружки
- 1 пакет (12,3 унції) твердого шовкового тофу, зціженого та подрібненого
- 2 столові ложки чистого кленового сиропу або нектару агави
- 2 столові ложки звичайного або ванільного соєвого молока
- 2 столові ложки менту
- 2 чайні ложки розчинного порошку еспресо

ІНСТРУКЦІЇ:
a) Розігрійте духовку до 350°F. Злегка змастіть 8-дюймову тарілку для пирога і відкладіть її.
b) Якщо використовуєте печиво для сендвічів, обережно розберіть його, залишивши кремову начинку в окремій мисці. Печиво дрібно подрібнити в кухонному комбайні. Додайте веганський маргарин і збийте, поки він добре не з'єднається.
c) Видавіть суміш крихти на дно підготовленої форми. Випікати 5 хвилин. Якщо ви використовуєте печиво для сендвічів, то поки корж ще гарячий, намажте його верхньою частиною кремовою начинкою. Відставте охолоджуватися на 5 хвилин.
d) Шоколадну стружку розтопити в пароварці або мікрохвильовій печі. Відкласти.
e) У блендері або кухонному комбайні змішайте тофу, кленовий сироп, соєве молоко, крем де мент і порошок еспресо. Обробляйте до однорідності
f) Змішайте розтоплений шоколад із сумішшю тофу до повного з'єднання. Викласти начинку в підготовлений корж.

Поставте в холодильник принаймні на 3 години, щоб застигнути перед подачею.

64. Пироги з розмарином, ковбасою та сиром

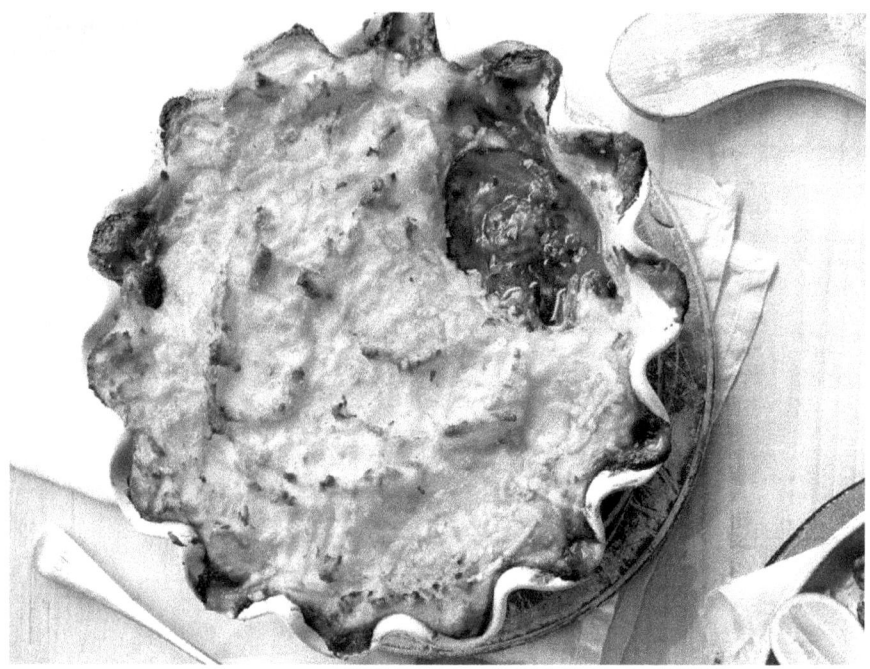

Робить: 2

ІНГРЕДІЄНТИ:

- ¾ склянки тертого сиру чеддер
- ¼ склянки кокосової олії
- 5 яєчних жовтків
- ½ чайної ложки розмарину
- ¼ чайної ложки соди
- 1 ½ курячої ковбаски
- ¼ склянки кокосового борошна
- 2 столові ложки кокосового молока
- 2 чайні ложки лимонного соку
- ¼ чайної ложки кайенского перцю
- 1/8 чайної ложки кошерної солі

ІНСТРУКЦІЇ:

a) Встановіть духовку на 350 F.
b) Наріжте ковбасу, розігрійте сковороду і зваріть ковбасу. Поки сосиски варяться, змішайте всі сухі інгредієнти в мисці. В іншій мисці змішайте лимонний сік, олію та кокосове молоко. До сухої суміші додати рідини і додати ½ склянки сиру; складіть, щоб об'єднати, і помістіть у 2 тарілочки.
c) Додайте в тісто варені ковбаси і ложкою вдавіть в суміш.
d) Випікати 25 хвилин до золотистого кольору зверху. Зверху посипте залишками сиру та обсмажуйте 4 хвилини.
e) Подавати теплим.

65.   <u>Лимонний пиріг з братками</u>

Робить: 8 порцій

ІНГРЕДІЄНТИ:
- Кондитерське тісто
- 2 яйця
- 3 яєчних жовтка
- ¾ склянки цукру
- ½ склянки лимонного соку
- 1 столова ложка тертої цедри лимона
- 1 стакан жирних вершків
- 1 упаковка желатину без смаку
- ¼ склянки води
- Кристалізовані братки

ІНСТРУКЦІЇ:
a) У 1-квартовій каструлі вінчиком збийте яйця, жовтки, цукор, лимонний сік і цедру.
b) Варіть на повільному вогні, постійно помішуючи дерев'яною ложкою, поки суміш не загусне і не покриє ложку приблизно 10 хвилин.
c) Процідіть і відставте.
d) Коли тісто охолоне, розігрійте духовку до 400'F. Між 2 аркушами присипаного борошном вощеного паперу розкачайте тісто в 11-дюймовий круглий шар. Зніміть верхній аркуш паперу та переверніть тісто на 9-дюймову тарілку для пирога, дозволивши надлишку вийти за край.
e) Видаліть решту аркуша вощеного паперу. Надлишки тіста підігніть так, щоб вони були рівними з краєм тарілки.
f) Виделкою проткніть дно та боковини тіста, щоб запобігти усадці. Вистеліть тісто алюмінієвою фольгою та наповніть сирою сушеною квасолею або вагами для пирогів.
g) Випікайте тісто 15 хвилин, зніміть фольгу з квасолею і випікайте ще 10-12 хвилин або поки скоринка не стане золотистою. Повністю охолодіть корж на решітці.
h) Коли тісто охолоне, збийте вершки до м'яких піків і відставте.

i) У каструлі змішайте желатин і воду, нагрійте на повільному вогні, помішуючи, поки желатин не розчиниться.

j) Вмішайте желатинову суміш в охолоджену лимонну суміш. Додайте збиті вершки в лимонну суміш, поки вони не змішуються. Викладіть начинку з лимонного крему на тісто і поставте в холодильник на 2 години або до застигання.

k) Перед подачею покладіть братки по краю та в центрі пирога, якщо бажаєте.

ПИРОГИ З М'ЯСОМ І КУРКОЮ

66.   Пироги на сніданок з яйцями

Робить: 4

ІНГРЕДІЄНТИ:
- 250 г готового листкового тіста
- 4 яйця вільного вигулу
- 2 гриби нарізати
- 6-8 шматочків бекону
- Помідори черрі
- Свіжий чебрець
- Сушені копчені пластівці чилі
- Н і повний г сир на ваш вибір

Напрямки

a) Спочатку дайте духовці охолонути, поки вона не досягне приблизно 180°C.

b) Розріжте листкове тісто на чотири квадрати та викладіть на деко, застелене пекарським папером для випікання на високій температурі.

c) Випікайте 10 хвилин, або поки тісто не набухне і не почне ставати золотисто-коричневим.

d) Обсмажте бекон . Додайте гриби та трохи оливкової олії, коли бекон почав готуватися.

e) Вийнявши пироги з дров'яної печі, натисніть на центр кожного, щоб трохи підняти боки.

f) Зверху викласти бекон і гриби, а потім щедро посипати сиром. Додайте кілька помідорів черрі з боків, якщо ви відчуваєте сміливість.

g) У дров'яній печі розбийте яйце в центр кожного пирога і готуйте ще 10-15 хвилин.

h) Коли яйця будуть готові, вийміть їх зі сковороди та насолоджуйтеся смачним сніданком!

67.   Пироги з сиром і ковбасою

Робить: 2

ІНГРЕДІЄНТИ:
- 1 ½ шматочка курячої ковбаски
- ½ чайної ложки розмарину
- ¼ чайної ложки соди
- ¼ склянки кокосового борошна
- ¼ чайної ложки кайенского перцю
- 1/8 чайної ложки солі
- 5 яєчних жовтків
- 2 чайні ложки лимонного соку
- ¼ склянки кокосової олії
- 2 столові ложки кокосового молока
- ¾ сиру чеддер, тертого

ІНСТРУКЦІЇ:
a) Встановіть духовку на 350 F.
b) Наріжте ковбасу, розігрійте сковороду і зваріть ковбасу. Поки сосиски варяться, змішайте всі сухі інгредієнти в мисці. В іншій мисці змішайте яєчні жовтки, лимонний сік, олію та кокосове молоко. До сухої суміші додати рідини і додати ½ склянки сиру; складіть, щоб об'єднати, і помістіть у 2 тарілочки.
c) Додайте в тісто варені ковбаси і ложкою вдавіть в суміш.
d) Випікати 25 хвилин до золотистого кольору зверху. Зверху посипте залишками сиру та обсмажуйте 4 хвилини.
e) Подавати теплим.

68. Пиріжки з розмарином і курячою ковбасою

Робить: 2

ІНГРЕДІЄНТИ:
- ¾ склянки тертого сиру чеддер
- ¼ склянки кокосової олії
- 5 яєчних жовтків
- ½ чайної ложки розмарину
- 1/4 чайної ложки соди
- 1 ½ курячої ковбаски
- ¼ склянки кокосового борошна
- 2 столові ложки кокосового молока
- 2 чайні ложки лимонного соку
- 1 чайна ложка кайенского перцю
- 1/8 чайної ложки кошерної солі

ІНСТРУКЦІЇ:
a) Встановіть духовку на 350 F.
b) Наріжте ковбасу, розігрійте сковороду і зваріть ковбасу.
   Поки сосиски варяться, змішайте всі сухі інгредієнти в мисці.
   В іншій мисці змішайте лимонний сік, олію та кокосове
   молоко. До сухої суміші додати рідини і додати ½ склянки
   сиру; складіть, щоб об'єднати, і помістіть у 2 тарілочки.
c) Додайте в тісто варені ковбаси і ложкою вдавіть в суміш.
d) Випікати 25 хвилин до золотистого кольору зверху. Зверху
   посипте залишками сиру та обсмажуйте 4 хвилини.
e) Подавати теплим.

69. Пиріг з куркою

Робить: 5

ІНГРЕДІЄНТИ:
- ½ фунта курячих стегон без кісток, нарізаних невеликими шматочками
- 3,5 унції бекону, нарізаного
- 1 морква, нарізана
- ¼ чашки петрушки, нарізаної
- 1 стакан жирних вершків
- 2 цибулини порей, нарізати
- 1 стакан білого вина
- 1 столова ложка оливкової олії
- Сіль і перець за смаком

ДЛЯ СКОРИНКИ
- 1 чашка мигдальної муки
- 2 ст.л води
- 1 столова ложка стевії
- 1½ столової ложки вершкового масла
- ½ чайної ложки солі

ІНСТРУКЦІЇ:
a) Спочатку приготуйте корж, змішавши всі його інгредієнти . Відкласти.
b) Розігрійте оливкову олію в сковороді на середньому сильному вогні. Киньте нарізану цибулю-порей і перемішайте. Перекласти на тарілку.
c) Додайте куряче м'ясо та бекон і варіть до рум'яності та додайте цибулю-порей.
d) Додайте моркву і влийте біле вино, а потім зменшіть вогонь до середнього.
e) Додайте петрушку і влийте жирні вершки, добре перемішайте. Перекласти у форму для запікання.
f) Накрийте підготовленою скоринкою та поставте в духовку, поки вона не стане золотисто-коричневою та хрусткою.
g) Перед подачею дайте відпочити 20 хвилин.

70. М осячий пиріг

Склад: 1 порція

ІНГРЕДІЄНТИ:
- 1½ фунта стейка з лося, нарізаного кубиками 1/2 с. борошно
- 1 середня цибулина, нарізана
- 1 зубчик подрібненого часнику
- 3 столові ложки олії
- 2 склянки води
- 2 столові ложки вустерширського соусу
- 1 чайна ложка майорану
- 1 чайна ложка чебрецю
- 1 чайна ложка насіння селери
- 1 чайна ложка солі
- ½ чайної ложки перцю
- 1 лавровий лист
- Нарізані кубиками картопля і морква
- Заморожений горошок або стручкова квасоля
- Корж для пирога

ІНСТРУКЦІЇ:
a) Нарізаний кубиками стейк потріть у поліетиленовому пакеті з борошном, по кілька кубиків.
b) Підрум'янити лось, цибулю і часник на розігрітій олії, поки лось не стане коричневим. Додайте воду, трави, вустерширський соус, сіль і перець.
c) Довести до кипіння, зменшити вогонь, варити 1,5 години. Додайте картоплю та моркву, готуйте ще приблизно 30-45 хвилин. Додайте горошок. Вилити у форму для пирога. Накрити коржом для пирога, вигнути край, прорізати зверху.
d) Випікайте від 15 до 20 хвилин або поки скоринка не підрум'яниться.

ЗЕРНОВІ ТА МАКАРОННІ ПИРОГИ

71.   Не дуже банальний пиріг тамале

Робить: 8

ІНГРЕДІЄНТИ:
- 2 чайні ложки рослинної олії або за потребою
- 1 маленька цибулина, нарізана
- 1 ½ фунта яловичого фаршу
- 1 (15 унцій) банка бобів пінто, промита та злита
- 1 (15 унцій) банка чорної квасолі, промита і злита
- ½ склянки подрібненої суміші мексиканського сиру
- 1 (14 унцій) банка нарізаних кубиками помідорів із зеленим перцем чилі
- 2 упаковки (8,5 унцій) суміші для кукурудзяного хліба
- ⅔ склянки молока
- 2 великих яйця

Напрямки

a) Розігрійте духовку до 400 градусів F (200 градусів C).

b) Нагрійте олію в чавунній сковороді на середньому сильному вогні; обсмажте цибулю, поки вона не підрум'яниться, 5-10 хвилин. Додайте яловичий фарш; варіть і помішуйте, поки яловичина не підрум'яниться розсипчастий, 5-10 хвилин. Змішайте боби пінто і чорну квасолю в яловичу суміш.

c) Посипте сумішшю мексиканського сиру поверх яловичо-бобової суміші; перемішати. Змішати нарізані кубиками помідори зеленого перцю чилі в яловичо-бобову суміш.

d) Змішайте суміш для кукурудзяного хліба, молоко та яйця в мисці, поки тісто не стане однорідним. Поширення тісто поверх яловичо-бобової суміші.

e) Випікайте в попередньо розігрітій духовці, поки зубочистка не встромиться в центр кукурудзяного хліба виходить чистим, 15-20 хвилин.

72.   Пиріг з фрикадельками S paghetti

Робить: 4-6

ІНГРЕДІЄНТИ:
- 1 - 26 унцій мішок яловичих фрикадельок
- 1/4 чашки нарізаного зеленого перцю
- 1/2 склянки нарізаної цибулі
- 1 - 8 унцій пакет спагетті
- 2 яйця, злегка збиті
- 1/2 склянки тертого сиру Пармезан
- 1-1/4 склянки подрібненого сиру моцарела
- 26 унцій банку шматкового соусу для спагетті

ІНСТРУКЦІЇ:
a)   Розігрійте духовку до 375ºF. Обсмажте перець і цибулю до розм'якшення приблизно 10 хвилин. Відкласти.
b)   Зварити спагетті, злити воду, промити холодною водою і обсушити. Помістіть у велику миску.
c)   Додайте яйця та сир пармезан і перемішайте. Видавіть суміш на дно розпиленої тарілки для пирога діаметром 9

дюймів. Зверху посипте 3/4 чашки тертого сиру моцарела. Розморозьте заморожені фрикадельки в мікрохвильовій печі протягом 2 хвилин.

d) Кожну фрикадельку розріжте навпіл. Викладіть половинки фрикадельок на сирну суміш. Змішайте соус для спагетті з вареним перцем і цибулею.

e) Ложкою викласти шар фрикадельок. Нещільно накрийте фольгою і запікайте 20 хвилин.

f) Вийміть з духовки та посипте 1/2 склянки сиру моцарела поверх суміші соусу для спагетті.

g) Продовжуйте випікати без кришки ще 10 хвилин до появи пухирців. Наріжте шматочками і подавайте.

73. Кунжутно-шпинатний пиріг з локшиною

Робить 4 порції

- ¾ склянки тахіні (кунжутної пасти)
- 3 зубчики часнику, крупно нарізані
- 3 столові ложки м'якої білої пасти місо
- 3 столові ложки свіжого лимонного соку
- 1⁄4 чайної ложки меленого кайенского перцю
- 1 стакан води
- 8 унцій лінгвіні, розбитого на третини
- 9 унцій свіжого дитячого шпинату
- 1 столова ложка підсмаженої кунжутної олії
- 2 столові ложки насіння кунжуту

ІНСТРУКЦІЇ:

a) Розігрійте духовку до 350°F. У кухонному комбайні змішайте тахіні, часник, місо, лимонний сік, кайенський перець і воду й обробіть до однорідності. Відкласти.

b) Відваріть лінгвіні у великій каструлі з киплячою підсоленою водою, періодично помішуючи, до стану аль денте приблизно 10 хвилин. Додайте шпинат, помішуючи, поки не зів'яне, приблизно 1 хвилину.

c) Добре процідіть, а потім поверніть у каструлю. Додайте олію та соус тахіні та добре перемішайте.

d) Перекладіть суміш на 9-дюймову глибоку тарілку для пирога або круглу форму для випічки. Посипте кунжутом і запікайте до гарячого стану приблизно 20 хвилин. Подавайте негайно.

74. Я італійський пиріг зі спагетті

Робить: 4 порції

ІНГРЕДІЄНТИ:

- 6 унцій спагетті
- 2 столові ложки масла або маргарину
- ⅓ склянки тертого сиру Пармезан
- 2 Добре збиті яйця
- 1 склянка сиру
- 1 фунт яловичого фаршу або насипної свинячої ковбаси
- ½ склянки нарізаної цибулі
- ¼ склянки нарізаного зеленого перцю
- 1 (8 унцій) банка помідорів, подрібнених
- 1 (6 унцій) банка томатної пасти
- 1 чайна ложка цукру
- 1 чайна ложка сушеного орегано, подрібненого
- ½ чайної ложки часникової солі
- ½ чашки тертого сиру моцарела

ІНСТРУКЦІЇ:

a) Зваріть спагетті і злийте воду - в гарячі спагетті розмішайте масло або маргарин. Перемішайте сир Пармезан і яйця. Сформуйте суміш спагетті в скоринку на змащеній маслом 10-дюймовій тарілці для пирога.

b) Викладіть сирний сир на дно коржа для спагетті. На сковороді обсмажте яловичий фарш, цибулю та зелений перець, поки овочі не стануть м'якими, а м'ясо – коричневим.

c) Злити зайвий жир. Додайте непроціджені помідори, томатну пасту, цукор, орегано та сіль. Ретельно розігрійте. Перетворіть м'ясну суміш в скоринку.

d) Випікайте без кришки в розігрітій до 350 градусів духовці 20 хвилин. Посипати сиром моцарелла. Випікайте 5 хвилин або поки сир не розплавиться.

75. Кукурудзяний пиріг

Робить: 8 порцій

ІНГРЕДІЄНТИ:
- ½ склянки маргарину або іншого жиру
- 1 чайна ложка ванілі
- 1 склянка молока або його замінника
- 3 яйця або 1 ціле яйце і 3 білки
- 1 чашка борошна
- 1 чайна ложка розпушувача
- 1 дещиця солі (за бажанням)
- 2 банки (16 унцій) вершкової кукурудзи

ІНСТРУКЦІЇ:
a) Додайте всі інгредієнти, крім кукурудзи, і добре перемішайте.
b) Додайте кукурудзу, перемішайте.
c) Випікайте при 350 градусах до твердості, приблизно одну годину.

ГОСТІ ПИРОГИ

76. Старомодний карамельний пиріг

Готує: 1-9-дюймовий пиріг

ІНГРЕДІЄНТИ:
- 1 (9 дюймів) оболонка для пирога, запечена
- 1 стакан білого цукру
- ⅓ склянки борошна універсального призначення
- ⅛ чайної ложки солі
- 2 склянки молока
- 4 великих яєчних жовтки яєчні жовтки, збиті
- 1 стакан білого цукру

Напрямки
a) У середній каструлі змішайте 1 склянку цукру, борошно, сіль, молоко та яєчні жовтки, перемішайте до однорідності. Варіть на середньому вогні до загустіння і бульбашок, постійно помішуючи. Зняти з вогню і відставити.
b) Посипте рештою 1 склянку цукру в чавунну сковороду діаметром 10 дюймів. Варіть на середньому вогні, постійно помішуючи, поки цукор не закарамелізується.
c) Зніміть з вогню і обережно влийте в теплу вершкову суміш. Перемішуємо до однорідності. Вилийте суміш у тісто. Повністю охолодіть і подавайте зі збитими вершками

77. Яблучний пиріг з корицею та цукром

Робить: 10

ІНГРЕДІЄНТИ:
- 2-1/2 склянки борошна універсального призначення
- 1/2 чайної ложки солі
- 1-1/4 склянки холодного сала
- 6-8 столових ложок холодного 2% молока

НАЧИНКА:
- 2-1/2 склянки цукру
- 1 чайна ложка меленої кориці
- 1/2 чайної ложки меленого імбиру
- 9 склянок тонко нарізаних очищених терпких яблук (приблизно 9 середніх)
- 1 столова ложка бурбону, за бажанням
- 2 столові ложки борошна універсального призначення
- Сіль
- 3 столові ложки холодного вершкового масла, нарізаного кубиками
- 1 столова ложка 2% молока
- 2 чайні ложки крупного цукру

Напрямки

a) У великій мисці змішайте борошно і сіль; нарізати салом до розсипчастого стану. Поступово додайте молоко, перемішуючи виделкою, поки тісто не схопиться при натисканні. Розділити тісто навпіл. Сформуйте з кожного диск; загорнути в пластик. Поставте в холодильник на 1 годину або на ніч.

b) Для начинки у великій мисці змішайте цукор, корицю та імбир. Додати яблука і перемішати до покриття. Обкладинка; дайте постояти 1 годину, щоб яблука пустили сік, періодично помішуючи.

c) Злити яблука, залишивши сироп. Помістіть сироп і, якщо хочете, бурбон в невелику каструлю; доведіть до кипіння. Зменшити тепло; кип'ятіть без кришки 20-25 хвилин або поки суміш трохи не загусне і не стане середньо-бурштинового кольору. Зняти з вогню; повністю остудити.

d) Розігрійте духовку до 400°. Змішайте відціджені яблука з борошном і сіллю. На злегка присипаній борошном поверхні розкачайте половину тіста в коло товщиною 1/8 дюйма; перевести на 10-in. чавунна або інша глибока сковорода. Обріжте тісто навіть бортиком. Додайте яблучну суміш. Зверху залити остиглим сиропом; крапка з маслом.

e) Залишок тіста розкачайте в коло товщиною 1/8 дюйма. Викласти поверх начинки. Обрізати, ущільнити і край каннелюри. Зверху вирізати прорізи. Змастіть тісто молоком; посипати крупним цукром. Викласти на застелене фольгою деко. Випікати 20 хв.

f) Зменшіть температуру духовки до 350°. Випікайте 45-55 хвилин довше або поки скоринка не стане золотисто-коричневою, а начинка не стане пухирчастою. Остудіть на решітці.

78. Яблучний пиріг із солоною карамеллю на брудній сковороді

Робить: 7 порцій

ІНГРЕДІЄНТИ:
КОЖКА ДЛЯ ПИРОГА (ВИХОДИТЬ 2 СКІРКИ):
- 2 ½ склянки борошна універсального призначення
- 1 чайна ложка кошерної солі
- 1 столова ложка цукрового піску
- ½ фунта холодного несолоного масла
- 1 стакан холодної води
- ¼ склянки яблучного оцту

КАРАМЕЛЬ (ВИСТАЧАЄ НА 2 ПИРОЖКИ):
- 1 стакан цукрового піску
- ¼ склянки несолоного масла
- ½ склянки густих вершків для збивання
- ½ чайної ложки морської солі

НАЧИНКА ЯБЛУКОВОГО ПИРОГА (ВИСТАЧАЄ НА 1 ПИРОГ):
- 3 фунти яблук Гренні Сміт
- 1 столова ложка цукрового піску
- Лимонний сік, за потреби (приблизно ¼ склянки)
- 2-3 порції Angostura Bitters
- ⅓ склянки цукру-сирцю
- ¼ чайної ложки меленої кориці
- ¼ чайної ложки меленого запашного перцю
- Щіпка свіжотертого мускатного горіха
- ¼ чайної ложки кошерної солі
- 2 столові ложки борошна універсального призначення
- 2 столові ложки кукурудзяного крохмалю
- 1 яйце (для миття яєць)
- Цукор-сирець для завершення

ІНСТРУКЦІЇ:
ДЛЯ ПИРОГА:
a) У мисці змішайте борошно, сіль і цукор.
b) За допомогою терки для сиру натріть холодне масло в борошняну суміш.

c) Окремо змішайте воду та оцет у маленькій мисці. Зберігати в холоді.
d) Змішуючи руками, повільно додайте 2 столові ложки суміші води та оцту в борошняну суміш, поки не з'єднається. Дещо
e) можуть залишитися сухі шматочки; це нормально.
f) Розділіть тісто на 2 частини і загорніть кожну частину окремо в поліетиленову плівку. Поставте в холодильник для охолодження принаймні на годину або на ніч.
g) Окремо розкачайте одну частину охолодженого тіста для пирога (кожна частина — один корж) на злегка присипану борошном поверхню.
h) Покладіть згорнуту скоринку в 9-дюймову змащену маслом форму для пирога.

ДЛЯ КАРАМЕЛІ:

i) У каструлі розтопіть цукор на слабкому вогні. НЕ дайте йому підгоріти.
j) Як тільки цукор розтане, зніміть з вогню. Збити масло.
k) Змішайте збиті вершки і морську сіль.
l) Нехай охолоне.

ДЛЯ НАЧИНКИ ЯБЛУКОВОГО ПИРОГА:

m) Яблука очистити від шкірки, серцевини та нарізати. Помістіть у 8-літровий контейнер. Змішайте кожен шматочок лимонним соком і 1 столовою ложкою цукрового піску.
n) Посипте яблука гірчицею, необробленим цукром, меленою корицею, духмяним перцем, мускатним горіхом, кошерною сіллю, борошном універсального призначення та кукурудзяним крохмалем.
o) Добре перемішати.
p) Щільно покладіть яблука в підготовлену оболонку для пирога, злегка вдавивши яблука в центрі.
q) Рівномірно полийте яблука ¾ склянки охолодженого карамельного соусу.
r) Розкачайте тісто, що залишилося, як верхнє тісто для пирога; за бажанням створіть решітку. Зіжміть краї двох коржів для пирога.
s) Охолодіть пиріг 10-15 хвилин перед випіканням.

t) Випікати 20 хвилин при 400 градусах; випікайте ще 30 хвилин при 375 градусах. Обов'язково переверніть пиріг, якщо під час випічки він потемнів з одного краю.

u) Перед подачею дайте охолонути протягом 2-3 годин. Розрізати на 7 скибочок.

79. Пиріжки з яєчним парфе

Робить: 6 порцій

ІНГРЕДІЄНТИ:

- 1 упаковка желатину зі смаком лимона
- 1 склянка гарячої води
- 1 пінта ванільного морозива
- ¼ чайної ложки мускатного горіха
- ¾ чайної ложки ароматизатора рому
- 2 Добре збиті жовтки
- 2 збитих яєчних білка
- Від 4 до 6 печених коржів для пирога
- Збиті вершки Candy decorettes

ІНСТРУКЦІЇ:

a) Желатин розвести в гарячій воді.

b) Розріжте морозиво на 6 шматочків, додайте до желатину і перемішайте до розтанення. Охолодіть до часткового застигання.

c) Додайте мускатний горіх і ароматизатор.

d) Вмішайте жовтки, вмішайте білки.

e) Розлийте в охолоджені пиріг і охолодіть до застигання.

f) Зверху полити збитими вершками і посипати цукерками.

80. Гарбузовий пиріг Тірамісу зі спеціями

Робить: один 9-дюймовий пиріг

ІНГРЕДІЄНТИ:

- 1 ½ склянки жирних вершків
- 2 великих яйця, розділених
- ⅓ склянки плюс 1 столова ложка цукру
- 1 чашка маскарпоне кімнатної температури
- ½ склянки консервованого гарбузового пюре
- 1 ½ чайної ложки спеції для гарбузового пирога
- 1 ½ чашки звареного еспресо кімнатної температури
- Упаковка ледіфінгерів 5,3 унції
- Гіркий або напівсолодкий шоколад, для гоління

ІНСТРУКЦІЇ:

a) У чаші штатного міксера з насадкою для збивання збийте вершки на середній і високій швидкості до утворення твердих піків; перекласти в невелику миску і охолодити.

b) У очищеній чаші штатного міксера з очищеною насадкою для віночка збийте яєчні білки на високій швидкості до м'яких піків. Додати 1 столову ложку цукру і збити до крутих піків; перекласти в невелику миску.

c) У очищеній чаші штатного міксера з очищеною насадкою для віночка збийте разом яєчні жовтки та решту ⅓ склянки цукру на високій швидкості до загустіння та блідо-жовтого кольору. Акуратно вмішайте маскарпоне, гарбузове пюре, спеції для гарбузового пирога та третину збитих вершків у жовткову суміш. Акуратно додайте збиті білки і охолодіть.

d) Покладіть еспресо на неглибоку тарілку. Занурте обидві сторони жіночих пальчиків в еспресо та покладіть їх у 9-дюймове блюдо для пирога, щоб повністю вистилати дно. Зверху покладіть половину гарбузової суміші, ще пальчики, змочені в еспресо, і решту гарбузової суміші. Зверху посипте пиріг збитими вершками, що залишилися, і шоколадною стружкою. Поставте в холодильник на 8 годин або на ніч, поки не будете готові до подачі.

81. Пиріг з булочкою з корицею

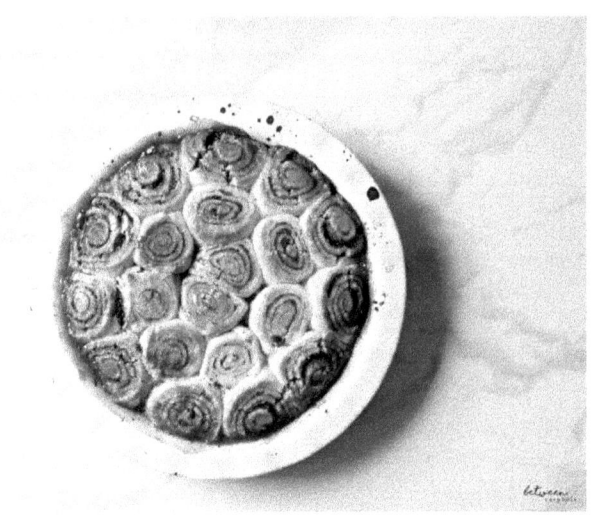

ГОТУЄ 1 (10 ДЮЙМОВ) ПИРОГ; НА 8-10 ПОРЦІЙ

ІНГРЕДІЄНТИ:

- ½ порції маточного тіста, витриманого
- 30 г борошна, для присипки [3 столові ложки]
- 80 г коричневого вершкового масла [¼ склянки]
- 1 порція рідкого чізкейку
- 60 г світло-коричневого цукру [¼ склянки щільно упакованої]
- 1 г кошерної солі [¼ чайної ложки]
- 2 г меленої кориці [1 чайна ложка]
- 1 порція Cinnamon Streusel

Напрямки

a) Розігрійте духовку до 350°F.

b) Продавіть і розрівняйте підготовлене тісто.

c) Візьміть щіпку борошна та посипте нею поверхню гладкої сухої стільниці, ніби ви кидаєте камінь на воду, щоб злегка покрити стіл. Візьміть ще одну щіпку борошна і злегка присипте качалку. Використовуйте качалку, щоб розплющити видавлене коло тіста, потім розкачайте тісто качалкою або розтягніть тісто вручну, ніби ви готуєте піцу з нуля. Ваша кінцева мета — створити велике коло діаметром приблизно 11 дюймів. Тримайте свою 10-дюймову форму для пирога поблизу для довідки. Товщина 11-дюймового тіста має бути від ¼ до ½ дюйма.

d) Акуратно викладіть тісто у форму для пирога. По черзі використовуйте пальці та долоні, щоб міцно притиснути тісто до місця. Поставте форму для пирога на деко.

e) Тильною стороною ложки розподіліть половину коричневого масла рівним шаром по тісту.

f) Скористайтеся зворотною стороною іншої ложки (ви ж не хочете мати коричневе масло в кремово-білому шарі чізкейку!), щоб розподілити половину рідкого чізкейку рівним шаром на коричневе масло. Розподіліть решту коричневого масла рівним шаром поверх рідкого чізкейку.

g) Розсипте коричневий цукор поверх коричневого масла. Притисніть його тильною стороною долоні, щоб утримати його на місці. Потім рівномірно посипте сіллю та корицею.

h) Тепер найскладніший шар: рідкий чізкейк, що залишився. Залишайтеся холодними та розподіляйте його якомога обережніше, щоб отримати максимально рівний шар.

i) Рівномірно посипте Streusel поверх шару чізкейку. Тильною стороною долоні закріпіть Streusel.

j) Випікати пиріг 40 хвилин. Скоринка набухне та підрум'яниться, рідкий чізкейк затвердіє, а начинка Streusel хрумтить і підрум'яниться. Через 40 хвилин обережно струсіть сковороду. Центр пирога повинен злегка тремтіти. Начинка повинна бути спрямована до зовнішніх меж форми для пирога. Якщо частина начинки вилилася на деко нижче, не хвилюйтеся — вважайте це закускою на потім. Якщо необхідно, випікайте ще 5 хвилин, поки пиріг не відповідатиме описанню вище.

k) Остудіть пиріг на решітці. Для зберігання повністю остудіть пиріг і добре загорніть у плівку. У холодильнику пиріг збереже свіжість 3 дні (скоринка швидко черствіє); в морозильній камері зберігається 1 місяць.

l) Коли ви будете готові подавати пиріг, знайте, що його найкраще подавати теплим! Наріжте скибочками та розігрійте кожен шматочок у мікрохвильовій печі на високій потужності протягом 30 секунд або розігрійте весь пиріг у розігрітій до 250°F духовці протягом 10–20 хвилин, потім наріжте та подавайте.

82. Вівсяне морозиво з корицею

Робить приблизно 1 кварту

ІНГРЕДІЄНТИ:
- Пуста основа для морозива
- 1 стакан вівса
- 1 столова ложка меленої кориці

ІНСТРУКЦІЇ:
a) Підготуйте заготовку основи відповідно до інструкції.
b) У маленькій сковороді на середньому вогні змішайте овес і корицю. Підсмажуйте, регулярно помішуючи, протягом 10 хвилин або поки не підрум'яниться та не стане ароматним.
c) Щоб настоятися, додайте в основу підсмажену корицю та овес, коли вони знімуть з плити, і дайте настоятися приблизно 30 хвилин. Використання сітчастого ситечка, встановленого над мискою; процідіть тверду частину, протиснувши, щоб отримати якомога більше ароматизованого крему. Трохи м'якоті вівсянки може пройти, але це нормально — це дуже смачно! Залиште тверду частину вівсяної каші для рецепту вівсянки!

d) Ви втратите деяку кількість суміші через поглинання, тому кількість марок цього морозива буде трохи меншою, ніж зазвичай.

e) Зберігайте суміш у холодильнику на ніч. Коли ви будете готові приготувати морозиво, знову змішайте його занурювальним блендером до однорідності та крему.

f) Перелийте в мороженицю і заморозьте відповідно до інструкцій виробника. Зберігайте в герметичному контейнері та заморозьте на ніч.

83. Кокосовий пиріг Амаретто

Робить: пиріг 1—9 дюймів

ІНГРЕДІЄНТИ:
- ¼ склянки вершкового масла; або маргарин м'який
- 1 чашка цукру
- 2 великих яйця
- ¾ склянки молока
- ¼ склянки амаретто
- ¼ склянки борошна, що самостійно піднімається
- ⅔ склянки кокосових пластівців

ІНСТРУКЦІЇ:
a) Збити масло і цукор. на швидкості електричного міксера, доки не стане легкою та пишною. Додайте яйця; добре збити.
b) Додати молоко, амаретто і борошно, добре збиваючи.
c) Перемішати кокос. Вилийте суміш у злегка змащену маслом тарілку діаметром 9 дюймів.

d) Випікати при 350 ~ 35 хв. або до встановлення. Повністю остудіть на решітці.

84. Амішський заварний пиріг

Робить : 1 порцію

ІНГРЕДІЄНТИ:

- ⅓ склянки цукор
- 2 чайні ложки Борошно
- ½ чайної ложки сіль
- 3 Яйця
- 3 чашки молоко
- ¼ чайної ложки мускатний горіх
- 1 9- дюймова неспечена оболонка для пирога

ІНСТРУКЦІЇ:

a) З'єднати цукор, борошно, сіль і яйця і перемішати до однорідності. Нагріти молоко до кипіння.

b) До яєчної суміші додайте 1 склянку гарячого молока. Вилийте це в гаряче молоко, що залишилося.

c) Вилийте в неспечену оболонку для пирога. Зверху посипати мускатним горіхом. Випікайте при 350 градусах F. протягом 45-60 хвилин.

ПИРОГИ ВУПІ

85. Тірамісу Вупі Пироги

Робить: 6 порцій

ІНГРЕДІЄНТИ:
Файли cookie:
- 2 склянки мигдального борошна
- 3 столові ложки сироваткового протеїну без смаку
- ½ склянки гранульованого підсолоджувача Monk Fruit
- 2 чайні ложки розпушувача
- ½ чайної ложки соди
- ½ чайної ложки солі
- ½ склянки вершкового масла, нарізаного невеликими кубиками
- ½ склянки замінника цукру з низьким вмістом вуглеводів або ½ склянки вашого улюбленого підсолоджувача з низьким вмістом вуглеводів
- 2 великих яйця
- 1 чайна ложка ванільного екстракту
- ½ склянки жирної сметани
- какао-порошок для присипки

НАЧИНКА:
- ¼ склянки холодної кави еспресо або міцної кави
- 1 столова ложка темного рому за бажанням або додайте лікер на ваш вибір
- 8 унцій сиру маскарпоне
- 2 столові ложки низьковуглеводного замінника цукру
- дрібка солі
- ½ склянки жирних вершків
- 2 чайні ложки ванільного екстракту
- 2 чайні ложки темного рому за бажанням або замінити лікером на ваш вибір

ІНСТРУКЦІЇ:
а) Розігрійте духовку до 350 °F. Збризніть форму для пирога вупі антипригарним спреєм.

b) Змішайте в мисці мигдальне борошно, білковий порошок, підсолоджувач коричневого цукру, розпушувач, харчову соду та сіль. Відкласти.

c) Збити масло і цукор міксером на середньо-високій швидкості до кремоподібної маси; приблизно 2 хвилини. Додайте яйця та 1 чайну ложку ванілі, збиваючи до тих пір, поки суміш не поєднається. Очистіть стінки миски. Додати сметану, потім підсушити суміш.

d) За допомогою маленької чайної ложки наберіть тісто в кожну форму для пирога, заповнюючи приблизно ⅔ простору. Помістіть трохи какао-порошку в невелике ситечко і посипте невеликою кількістю какао-порошку поверх кожного ложечка для тіста.

e) Випікайте, поки краї не стануть золотистими, приблизно 10-12 хвилин.

f) Охолодіть на решітці приблизно 10 хвилин, потім вийміть печиво з форми та дайте охолонути.

g) Після охолодження переверніть печиво догори дном на решітку.

h) Змішайте еспресо та 3 столові ложки темного рому в маленькій мисці. Розподіліть приблизно ¼ чайної ложки рідини еспресо на нижню сторону кожного печива.

i) Збийте міксером сир маскарпоне, замінник цукру з низьким вмістом вуглеводів, сіль, ваніль і 1 ч темного рому до однорідності. На шоколадну половину печива викладіть трохи сирної суміші маскарпоне. Зверху викласти другу половину печива.

j) Подавайте негайно або поставте в холодильник.

86. Вупі пиріг з патокою

Склад: 1 порція

ІНГРЕДІЄНТИ:

- 2 яйця
- 2 склянки коричневого цукру
- 1 склянка патоки
- 1 стакан маргарину
- 1½ склянки солодкого молока
- 4 чайні ложки соди
- ½ чайної ложки імбиру
- ½ чайної ложки кориці
- ½ чайної ложки гвоздики
- 5 склянок борошна
- 2 яєчних білка
- 2 чайні ложки ванілі
- 4 столові ложки борошна
- 2 столові ложки молока
- 1½ склянки рослинного масла
- 1 фунт 10 x цукру

ІНСТРУКЦІЇ:

a) Вершки, цукор і яйця. Додати патоку, молоко і сухі інгредієнти.

b) Викладати по ложках на деко. Випікати 350 8-10 хвилин. НАЧИНКА: збийте білки до міцної піни.

c) Додати ваніль, борошно і молоко. Добре збийте і додайте жир і цукор.

d) Коли печиво охолоне, розподіліть начинку на дві частини і з'єднайте.

87. Вівсяний пиріг

Склад: 1 порція

ІНГРЕДІЄНТИ:

- 2 склянки коричневого цукру
- ¾ чашки шортенінгу
- 2 яйця
- ½ чайної ложки солі
- 1 чайна ложка кориці
- 1 чайна ложка розпушувача
- 1 чайна ложка соди
- 3 столові ложки окропу
- 2½ склянки борошна
- 2 склянки вівсяних пластівців
- 2 яєчних білка, збитих
- 2 чайні ложки ванілі
- 4 столові ложки борошна
- 2 столові ложки цукру 10X
- 4 столові ложки молока
- 1½ склянки твердого жиру Crisco
- 4 склянки цукру 10X

ІНСТРУКЦІЇ:

a) Кремовий коричневий цукор і жир. Додати яйця і збити. Додайте сіль, корицю та розпушувач. Розчиніть харчову соду в киплячій воді і додайте в суміш. Додати борошно і вівсяні пластівці. Викладіть ложкою на змащене маслом деко і випікайте 8-10 хвилин при 350 градусах. Повністю остудити.

b) Заповніть, використовуючи начинку нижче. Приготуйте печиво для сендвічів. Збийте білки, додайте ванілін, 4 столові ложки борошна, 2 столові ложки 10X цукру і молоко.

c) Додайте жир і добре збийте. Додайте 4 чашки цукру 10X і знову збийте.

d) Робіть бутерброди.

ПИРОГИ

88. Пиріг з грибами та телятиною

Робить: 4 порції

ІНГРЕДІЄНТИ:

- 1 фунт тушкування телятини
- 3 столові ложки борошна універсального призначення
- ¼ чайної ложки солі
- ½ чайної ложки перцю
- 1 столова ложка рослинного масла
- 1 цибуля, нарізана
- 1 зубчик часнику, подрібнений
- 2 моркви, нарізані
- 3 склянки грибів, нарізаних пластинками
- ½ чайної ложки сушеного шавлії
- 2 склянки яловичого бульйону
- 2 столові ложки сухого вермуту [опція]
- 1 столова ложка томатної пасти
- 1 чайна ложка вустерширського соусу
- 1 склянка замороженого горошку
- 1¼ склянки борошна універсального призначення
- 1 столова ложка свіжої петрушки, подрібненої
- 2 чайні ложки розпушувача
- ¾ чайної ложки харчової соди
- щіпка солі
- щіпка перцю
- 3 столові ложки вершкового масла, холодного
- ¾ склянки звичайного нежирного йогурту

ІНСТРУКЦІЇ:

a) Обрізати телятину; нарізати шматочками. У поліетиленовому пакеті змішайте борошно з сіллю і половиною перцю. кинути телятину в борошняну суміш, якщо необхідно, порціями.

b) У великій глибокій сковороді з антипригарним покриттям розігрійте половину олії на середньому сильному вогні;

підрум'янити м'ясо порціями, додаючи за потреби залишки олії. Перекласти на тарілку; відкласти.

c) Перемішайте цибулю, часник, моркву, гриби, шавлія та 1 ст.л води в сковороді; варіть, помішуючи, приблизно 7 хвилин або поки не стане золотистим і волога не випарується.

d) Додайте ⅔ склянки води, бульйон, вермут, томатну пасту, вустершир, решту перцю та відкладене м'ясо. довести до кипіння; зменшіть вогонь і варіть під кришкою, періодично помішуючи, 1 годину.

e) розкрити; варіть приблизно 15 хвилин або поки м'ясо не стане м'яким і соус не загусне. Вмішати горошок; дайте охолонути. Вилийте в 8-дюймову квадратну форму для запікання.

f) Легка начинка для печива: у великій мисці змішайте разом борошно, петрушку, розпушувач, харчову соду, сіль і перець; нарізати вершковим маслом, поки суміш не стане схожою на грубі крихти. Додати йогурт відразу; розмішайте виделкою, щоб вийшло м'яке, трохи липке тісто.

g) На злегка присипаній борошном поверхні обережно вимісіть тісто 8 разів або до однорідності.

h) Акуратно розкладіть тісто на 8-дюймовий квадрат. Розріжте на 16 однакових квадратів. Викласти поверх телятини в 4 ряди.

i) Випікайте в духовці при температурі 450F і 230C протягом 25-30 хвилин або до появи пухирців, золотистої скоринки та готовності печива під нею, якщо обережно підняти.

j) Подавайте з обсмаженими кабачками.

89. Пиріг з куркою чеддер

Робить: 6 порцій

ІНГРЕДІЄНТИ:
СКОРИНА
- 1 чашка нежирної суміші для випічки
- ¼ склянки води

НАПОВНЕННЯ
- 1½ склянки курячого бульйону
- 2 склянки очищеної картоплі
- Кубиком
- 1 склянка нарізаної моркви
- ½ склянки селери, нарізаної
- ½ склянки цибулі, нарізаної
- ½ склянки болгарського перцю, нарізаного
- ¼ склянки небіленого борошна
- 1½ склянки знежиреного молока
- 2 склянки знежиреного сиру чеддер --тертого
- 4 склянки курки, світлого м'яса без шкіри
- Варені та нарізані кубиками
- ¼ чайної ложки приправи для птиці

ІНСТРУКЦІЇ:
a) Розігрійте духовку до 425. Щоб приготувати корж, змішайте 1 склянку суміші для випікання та воду, поки не утвориться м'яке тісто; енергійно збити. Обережно розгладьте тісто в кулю на присипаній борошном поверхні. Вимісити 5 разів. Дотримуйтесь інструкцій відповідно до скоринки. Для приготування заливки розігрійте бульйон в каструлі.

b) Додайте картоплю, моркву, селеру, цибулю, болгарський перець. Тушкуйте 15 хвилин або поки все не стане м'яким. Змішати борошно з молоком. Перемішати в бульйонну суміш. Варіть і помішуйте на середньому вогні до легкого загустіння. Додайте сир, курку та приправи для птиці. Нагрівайте, поки сир не розплавиться. Перекладіть ложкою в каструлю на 2 літри. Покладіть корж на начинку в каструлю. Ущільнити краю. Зробіть прорізи в скоринці для пари.

c) Випікайте протягом 40 хвилин або до золотисто-коричневого кольору.

90. Фермерський пиріг зі свинини

Робить: 6 порцій

ІНГРЕДІЄНТИ:
- 2 цибулини, великі, нарізані
- 2 моркви, великі, нарізані
- 1 головка капусти, невелика, нарізана
- 3 склянки свинини, вареної, нарізаної кубиками
- Сіль за смаком
- 1 тісто для пирога 9 дюймів
- ¼ склянки вершкового масла або маргарину
- 2 картоплини, великі, нарізані кубиками
- 1 банка курячого бульйону (14 унцій)
- 1 столова ложка ароматної гіркоти Angostura
- Білий перець за смаком
- 2 чайні ложки насіння кмину

ІНСТРУКЦІЇ:
a) 1. Пасеруємо цибулю на вершковому маслі до золотистого кольору. 2. Додати моркву, картоплю, капусту, бульйон, свинину і гірку; накрийте кришкою і варіть, поки капуста не стане м'якою, приблизно 30 хвилин.

b) 3. Приправити сіллю і білим перцем за смаком. 4. Приготувати тісто, додавши кмин. 5. Розкачайте тісто на злегка присипаній борошном дошці до товщини ⅛ дюйма; виріжте шість 6-дюймових кіл на шість 5-дюймових форм для пирогів. 6. Розподіліть начинку порівну між формами для пирога; зверху покрийте скоринками, дозволяючи тісту звисати на ½ дюйма над стінками сковороди. 7. Виріжте хрестик по центру кожного пиріжка; відтягніть тісто, щоб відкрити вершини пирогів.

c) Випікайте в попередньо розігрітій 400'F. духовці від 30 до 35 хвилин або до тих пір, поки скоринка не стане коричневою, а начинка не стане пухирчастою.

91. Пиріг з омарами

Робить: 6 порцій

ІНГРЕДІЄНТИ:

- 6 столових ложок вершкового масла
- 1 склянка нарізаної цибулі
- ½ склянки нарізаної селери
- сіль; смакувати
- Білий свіжомелений перець; смакувати
- 6 столових ложок борошна
- 3 склянки морепродуктів або курячого бульйону
- 1 стакан молока
- 2 склянки нарізаної кубиками картоплі; бланшований
- 1 стакан нарізаної кубиками моркви; бланшований
- 1 склянка запашного горошку
- 1 склянка запеченої шинки, нарізаної кубиками
- 1 фунт м'яса омара; варені, нарізані кубиками
- ½ склянки води -; (на 1 склянку)
- ½ Рецепт основного пікантного тіста для пирога
- Розкачуємо за розміром сковороди

ІНСТРУКЦІЇ:

a) Розігрійте духовку до 375 градусів. Прямокутну скляну форму для запікання змастіть. У великій сковороді розтопіть масло. Додайте цибулю та селеру та пасеруйте 2 хвилини.

b) Приправити сіллю і перцем. Додайте борошно та готуйте приблизно 3-4 хвилини, щоб отримати рум'яну масу.

c) Додайте бульйон і доведіть рідину до кипіння. Зменшіть вогонь до кипіння і продовжуйте варити 8-10 хвилин або поки соус не почне густіти. Влийте молоко і продовжуйте варити 4 хвилини.

d) Приправити сіллю і перцем. Зняти з плити. Додайте картоплю, моркву, горох, шинку та лобстера. Приправити сіллю і перцем. Начинку ретельно перемішати. Якщо начинка занадто густа, додайте трохи води, щоб розрідити начинку.

e) Вилийте начинку в підготовлену форму. Зверху на начинку викласти корж.

f) Обережно засуньте корж, який перекриває, у форму, утворюючи товстий край. Затисніть краю сковороди та викладіть на деко.

g) Гострим ножем зробіть кілька надрізів у верхній частині коржа. Поставте блюдо в духовку та запікайте приблизно 25–30 хвилин або поки скоринка не стане золотисто-коричневою та хрусткою.

h) Вийміть з духовки та охолодіть 5 хвилин перед подачею.

92. Стейковий пиріг

Робить: 4 порції

ІНГРЕДІЄНТИ:
- 1 чашка нарізаної цибулі
- 2 столові ложки маргарину
- 3 столові ложки борошна універсального призначення
- 1½ склянки яловичого бульйону
- ½ склянки A 1 Original або A.1 Bold & Spicy Sauce для стейків
- 3 склянки приготованого кубиками стейка (приблизно
- 1 1/2 фунта)
- 116 унцій упаковка заморожена суміш брокколі, цвітної капусти і моркви
- Приготуйте тісто для 1 тіста
- 1 яйце, збите

ІНСТРУКЦІЇ:
a) У каструлі на 2 літри на середньому сильному вогні обсмажте цибулю на маргарині до готовності.
b) Всипати борошно; варіть ще 1 хвилину. Додайте бульйон і соус для стейка; варіть і помішуйте, поки суміш не загусне і не почне кипіти. Перемішати стейк і овочі. Ложкою викласти суміш у скляну форму для випікання розміром 8 дюймів.
c) Розкачайте та виріжте тісто, щоб воно прилягало до страви. Приклейте скоринку до краю страви; змастіть яйцем. Розріжте верхню частину скоринки, щоб вентилювати.
d) Випікайте при 400°F 25 хвилин або поки скоринка не стане золотисто-коричневою.
e) Подавайте негайно. Прикрашаємо за бажанням.

93. Азіатський пиріг з куркою

Склад: 1 порція

ІНГРЕДІЄНТИ:

- 4 6 унцій курячої грудки без кісток і шкіри
- ½ чайної ложки китайського чорного оцту
- 1 головка брокколі
- ½ фунта водяних каштанів
- 1 велика морква
- 1 стебло селери
- 1 маленький Бокчой
- 2 столові ложки оливкової олії
- 2 столові ложки кукурудзяного крохмалю
- ½ чайної ложки китайської 5 спеції
- Сіль і перець за смаком
- 3 зубчики часнику, подрібнити
- 2 столові ложки подрібненої цибулі
- 1 чайна ложка подрібненого імбиру
- 1 чашка курячого бульйону
- 8 листів тіста філо
- 2 столові ложки розтопленого вершкового масла
- 1 столова ложка нарізаної китайської цибулі
- 4 великі гілочки розмарину

ІНСТРУКЦІЇ:

a) Наріжте курку 2-дюймовими смужками. Нарізати всі овочі 2-дюймовими смужками і бланшувати. У великій сковороді на сильному вогні обсмажте курячі смужки в оцті. Додайте кукурудзяний крохмаль. Приправити 5 спеціями, сіллю та перцем. Додайте часник, цибулю та імбир. Помішуйте 5-6 хвилин. Додати курячий бульйон і овочі. Варіть від 8 до 10 хвилин. Перевірити приправи.

b) Охолодити. Розкладіть чотири ½-дюймові аркуші тіста, змастивши між листами вершковим маслом, і покладіть у форму для пирога 4 дюйми. Повторіть процес для чотирьох сковорідок. Розподіліть курячу суміш порівну на кожній сковороді. Додайте шніт-цибулю. Загніть куточки в центр. Випікайте в розігрітій до 400 градусів духовці 12 хвилин.

c) Відразу перекладіть на сервірувальні тарілки та прикрасьте гілочками розмарину.

ПИРІЖКИ З НАЧИНКОЮ

94. Пиріжки з фаршем Бейліз

Виходить: 9-12 пиріжків

ІНГРЕДІЄНТИ:

- 200 г звичайного борошна, плюс ще для присипки
- 100 г масла, охолодженого і нарізаного кубиками
- 1 чайна ложка цукрової пудри
- 1 яйце середнього вигулу, злегка збите
- 1 столова ложка Baileys Original
- 250 г якісного фаршу
- 2 столові ложки молока для чищення зубів

ДЛЯ МАСЛА БЕЙЛІЗ

- 75 г вершкового масла, розм'якшеного
- 75 г цукрової пудри, плюс додатково для посипання
- 2 столові ложки Baileys Original

ІНСТРУКЦІЇ:

a) Помістіть борошно у велику миску і додайте кубики охолодженого масла. Втирайте вершкове масло в борошно кінчиками пальців, поки суміш не стане схожою на панірувальні сухарі. Розмішайте цукор, потім додайте яйце і швидко перемішайте суміш до м'якого тіста. Якщо воно здається сухим, додайте бризок холодної води. Загорніть тісто в харчову плівку і охолодіть на 30 хвилин..

b) Розігрійте духовку до 180°C, вентилятор/газ 6. Вмішайте Бейліз у фарш і відкладіть його.

c) На поверхні, злегка присипаній борошном, розкачайте тісто та виріжте 9-12 кіл, достатньо великих, щоб вистелити отвори форми. Обережно притисніть їх до отворів, використовуючи маленьку кульку запасного тіста. З тіста, що залишилося, виріжте 9-12 менших кружечків, зірочок або святкових форм для кришок.

d) Помістіть приблизно столову ложку фаршу в кожен пиріг. Змастіть нижні краї кожної кришки невеликою кількістю молока та покладіть кришки на пиріжки. Притисніть краї тіста разом, щоб закріпити їх. Змастіть верхню частину кожного пирога ще трохи молока, а потім за допомогою невеликого гострого ножа виріжте Х у верхній частині кожного з запечатаних пиріжків з фаршем, щоб вийшов пар.

e) Випікати пиріжки з фаршем в духовці 15-20 хвилин до золотистого кольору. Дайте їм охолонути у формі протягом 5 хвилин, перш ніж обережно вийняти їх на решітку для повного охолодження.

f) Для масла Baileys збийте 75 г масла до м'якості та однорідності, додайте цукрову пудру та Baileys і знову збийте. Посипте м'ясні пиріжки цукровою пудрою та подавайте з вершковим маслом Бейліз.

95. Яблучно-фаршовий пиріг

Склад: 1 порція

ІНГРЕДІЄНТИ:

- 19-дюймова оболонка для пирога, неспечена
- ¼ склянки борошна універсального призначення
- ⅓ склянки цукру
- ⅛ чайної ложки солі
- 1 столова ложка маргарину або масла
- ¼ склянки води
- 2 столові ложки цукерок з червоною корицею
- 2 банки (9 унцій) підготовленого фаршу
- 3 яблука, пиріг

ІНСТРУКЦІЇ:

a) Приготуйте оболонку для пирога. Розігрійте духовку до 425 F. Посипте 2 столові ложки борошна на тарілку, вистелену тістом. Змішайте решту борошна, цукор, сіль і маргарин до стану крихти. Нагрійте воду та цукерки з корицею, помішуючи, поки цукерки не розчиняться. Викласти фарш на тісто.

b) Яблука почистити і нарізати четвертинками; нарізати на клини товщиною ½ дюйма з зовнішньої сторони. Накрийте фарш 2 кружечками яблучних дольок, які перекривають один одного; посипати цукровою сумішшю. Зверху викладіть сироп з корицею, змочуючи якомога більше цукрової суміші.

c) Накрийте край 2-3-дюймовою смужкою алюмінієвої фольги, щоб запобігти надмірному підрум'яненню; зніміть фольгу протягом останніх 15 хвилин запікання. Випікайте, поки скоринка не стане золотисто-коричневою, 40-50 хвилин.

96.   <u>Яблучний штрейзель з фаршу</u>

Виходить: 1 пиріг

ІНГРЕДІЄНТИ:
- 1 невипечена тісто; 9-дюймовий
- 3 яблука; порізані, тонко нарізані
- ½ склянки борошна; непросіяний
- 3 столові ложки борошна; непросіяний
- 2 столові ложки маргарину; або вершкового масла, розтопленого
- 1 баночка None Такий Фарш готовий до використання
- ¼ склянки коричневого цукру; міцно упакований
- 1 чайна ложка меленої кориці
- ⅓ склянки маргарину; або масло, холодне
- ¼ склянки горіхів; подрібнений

ІНСТРУКЦІЇ:
a) У великій мисці змішайте яблука з 3 столовими ложками борошна та розтопленим маргарином; викладіть у тісто. Зверху викласти фарш. У середній мисці змішайте решту ½ склянки борошна, цукор і корицю; нарізати на холодному маргарині до крихти. Додати горіхи; посипте фарш.
b) Випікайте в нижній половині духовки 425 10 хвилин. Зменшіть температуру духовки до 375; випікайте 25 хвилин довше або до золотистого кольору. круто

97. Журавлинний пиріг

Робить: 6 порцій

ІНГРЕДІЄНТИ:

- ⅔ склянки цукру
- 2 столові ложки кукурудзяного крохмалю
- ⅔ склянки води
- 1½ склянки свіжої журавлини, промити
- 1 тісто для пирога з 2 коржами
- По 1 баночці готового до вживання фаршу
- 1 яєчний жовток, змішаний з 2 л води

ІНСТРУКЦІЇ:

a) У каструлі з'єднайте цукор і кукурудзяний крохмаль; додайте воду. На сильному вогні варіть і помішуйте до кипіння. Додайте журавлину; знову закип'ятіть. Зменшіть вогонь; кип'ятіть 5–10 хвилин, періодично помішуючи.

b) Перетворіть фарш на тарілку для пиріжків розміром 9 або 10 дюймів, вистелену тістом. Зверху покладіть журавлину.

c) Накрийте верхньою скоринкою з вентиляцією; ущільніть і виточки. Змастіть корж яєчною сумішшю.

d) Випікайте при 425 градусах у нижній половині духовки 30 хвилин або до золотисто-коричневого кольору. Охолодіть. Прикрасьте яйцем.

e) Додайте ½ пінти збитих вершків, збийте. Охолодіть.

98.   Пиріг з фаршем з лимоном

Склад: 1 порція

ІНГРЕДІЄНТИ:

- 1 склянка просіяного борошна Pillsbury's Best універсального призначення
- ½ чайної ложки солі
- ⅓ склянки шортенінгу
- 3 столові ложки холодної води
- 9 унцій Пкг сухого фаршу; розбиті на частини
- 2 столові ложки цукру
- 1 склянка води
- 2 столові ложки волоських горіхів Фюнстена; подрібнений
- 2 столові ложки вершкового масла
- ⅔ склянки цукру
- 2 столові ложки борошна
- 2 яєчних жовтки
- 1 столова ложка тертої цедри лимона
- 2 столові ложки лимонного соку
- ¾ склянки молока
- 2 яєчних білка

ІНСТРУКЦІЇ:

a) Просійте універсальне борошно Pillsbury's Best і сіль у миску для змішування.

b) Наріжте шоттерінг, поки частинки не стануть розміром з дрібну горошину. Збризніть суміш 3-4 столовими ложками холодної води, злегка перемішуючи виделкою.

c) Додайте воду до найсухіших частинок, розсовуючи грудочки, поки тісто не стане достатньо вологим, щоб триматися разом. Сформуйте в кулю.

d) Розрівняйте до товщини ½ дюйма; гладкі краї. Розкачайте на присипаній борошном поверхні в коло на 1½ дюйма більше, ніж перевернута 9-дюймова сковорода. Нещільно встановіть у сковорідку.

e) Зігніть край, щоб сформувати стоячий обідок; флейта. Не запікайте. Начинка з фаршу: з'єднайте в невеликій каструлі сухий фарш (за бажанням можна замінити 2 склянки готового фаршу на суху фаршу), цукор і воду.

f) Довести до кипіння; кип'ятити 1 хв. круто Перемішайте 2 столові ложки подрібнених волоських горіхів. Переверніть у форму, вистелену тістом. Поливаємо фарш начинкою.

g) Випікайте в помірній духовці (350 градусів) 45-50 хвилин. круто Лимонна начинка: з'єднати масло, цукор і борошно; добре перемішати.

h) Змішайте яєчні жовтки. Додайте терту лимонну цедру, лимонний сік і ¾ склянки молока. Яєчні білки збити до м'яких піків; обережно вмішайте в суміш.

99. Фруктовий пиріг з фаршу

Робить: 8 порцій

ІНГРЕДІЄНТИ:
19-дюймовий корж для пирога; недопечений
2 склянки середніх яблук; очистити від шкірки і дрібно нарізати
1 склянка готового фаршу
¾ склянки легкого крему
¾ склянки коричневого цукру; упакований
¼ столової ложки солі
½ склянки подрібнених горіхів

ІНСТРУКЦІЇ:
a) У великій мисці змішайте яблука, фарш, вершки, коричневий цукор і сіль. Добре перемішайте.
b) Вилийте в неспечену форму для пирога; посипати горіхами.
c) Випікайте при 375° протягом 40-50 хвилин, поки скоринка не стане золотисто-коричневою.

100. Пиріг з фаршем на сметані

Робить: 10 порцій

ІНГРЕДІЄНТИ:
- 1 9-в кондитерській оболонці; недопечений
- 1 упаковка (9 унцій) згущеного фаршу; розсипався
- 1 склянка яблучного соку або води
- 1 середнє яблуко; без серцевини, очищені від шкірки, нарізані
- 1 столова ложка борошна
- 2 склянки сметани
- 2 яйця
- 2 столові ложки цукру
- 1 чайна ложка ванілі
- 3 столові ложки горіхів; подрібнений

ІНСТРУКЦІЇ:
a) Розігрійте духовку до 425°. У маленькій каструлі змішайте фарш і яблучний сік.
b) Довести до кипіння; кип'ятити швидко 1 хвилину. У середній мисці розмішайте борошно в яблуках для покриття; вмішати фарш. Вилийте в тісто. Випікати 15 хвилин.
c) Тим часом у маленькій чаші міксера з'єднайте сметану, яйця, цукор і ваніль; збити до однорідності. Рівномірно вилийте суміш фаршу. Посипати горіхами. Повернути в духовку; випікайте 8-10 хвилин довше, поки не застигне. круто
d) Ретельно охолодити. Прикрашаємо за бажанням. Охолодіть залишки.

ВИСНОВОК

Пиріг — це завжди гарна ідея, особливо під час свят! Меню на День подяки та різдвяні десерти завжди наповнені великою кількістю сезонних пирогів, таких як гарбузовий та журавлинно-апельсиновий. Але є й інші випадки, які також варті пирога. Як літній кулінарний пиріг, де пиріг з лаймом і полуничний пиріг створюють приголомшливі десерти в теплу погоду. Знову ж таки, вам не потрібна причина, щоб приготувати домашній пиріг. Просто покладіть корж для пирога в морозильну камеру, і ви зможете приготувати будь-який із цих рецептів пирога, коли з'явиться бажання! Наприклад, ви можете приготувати шоколадний пиріг на недільну вечерю. Або приготуйте батончики з горіховим горіхом для горщика.

Milton Keynes UK
Ingram Content Group UK Ltd.
UKHW020756080823
426520UK00015B/761